# Gewalt begreifen

D1720180

© **Gewalt Akademie Villigst**
& Arbeitsgruppe **SOS-Rassismus-NRW**
im **Amt für Jugendarbeit der EKvW**
**Haus Villigst, 58239 Schwerte**
Tel.: **02304-755190** Fax.:**02304-755248**
Email:**g.kirchhoff@aej-haus-villigst.de**
**www.gewaltakademie.de**
**www.buendnis-ekvw.de**
**www.sos-rassismus-nrw.de**
**Redaktion: Carl-Wilhelm Borgstedt, Shirin Pargas, Ralf-Erik Posselt**
**Satz: Shirin Pargas**
**Villigst 2004**

ISBN 3-938081-11-2

Bundesministerium
für Familie, Senioren, Frauen
und Jugend

**entimon**
gemeinsam gegen Gewalt und Rechtsextremismus

**Gefördert im Rahmen des Aktionsprogramms
„Jugend für Toleranz und Demokratie - gegen Rechtsextremismus,
Fremdenfeindlichkeit und Antisemitismus**

# Gewalt begreifen

**Ein Lese-, Ideen- und Übungsbuch
zur Thematisierung
von Gewalt und Rassismus**

**Inhalt:**

**Vorwort und Vorbild**      4
**Gewaltdefinitionen**      6
**Gewalt hat viele Formen und Quellen**      6
**Warum sich Gewalt und Aggression unterscheiden ...**      8
**Zivilcourage**      9
**Warum wir in einem Atemzug von Gewalt und Rassismus reden?**      10
**Die Faszination der Gewalt**      10
**Was brauchen Kinder und Jugendliche, um nicht gewalttätig zu werden ...** 14

**Definitionen: Rassismus**      17
**Alltagsrassismus**      19
**Stereotypen und Vorurteile**      21
**Wie Menschen mit Angst umgehen können**      23
**Der knurrige Hund**      24
**Machen „Anti-Gewalt" Projekte noch Sinn?**      25
**Damit wir uns richtig verstehen!**      30
**Lässt sich Gewalt rechtfertigen?**      32
**Nicht alles gefallen lassen...**      34
**Dann gibt es nur eins!**      36

**Planet Erde** 38
**Wie Du den dümmsten Stammtisch-Parolen Paroli bieten kannst ...** 39
**Integration** 42
**Integration findet statt** 42
**Der Integrationstest** 43
**Yavas arkadas** 45

**Böhse rechte Onkelz** 46
**Der Antirassismustest** 47
**Wer Gegengewalt übt** 49

**Aktion NOTEINGANG** 50
**Manifest für eine Kultur des Friedens und der Gewaltfreiheit** 55
**Blaue Augen** 56
**Sexismus** 57
**Sexismus in der Sprache von Männern** 58
**Warum belästigen Jungen die Mädchen?** 61
**Warum, warum, warum...** 64

**Gute Trainer/innen** 68

**Courage – Training** 70
**zur Deeskalation von Gewalt und Rassismus und zur Entwicklung
und Stabilisierung von Zivilcourage mit 24 Einzelübungen**

**Woher die Zebras kommen ...** 100
**Wer Courage hat, soll es zeigen!** 102

**Checkliste** 110
**zur Konzeption eines Gewalt- und Rassismus-Deeskalationstrainings**

**Edition Zebra** 115
**Achte auf Deine Gedanken ...** 120

# Vorwort

Weil wir heute wissen, dass gut gemeinte Appelle, Werte, Belehrungen, Betroffenheit, Verbote oder Strafe oftmals kaum noch gewaltlösende Wirkungen erzeugen, haben sich Fragen nach attraktiven Lern- und Trainingsschritten in den Vordergrund gedrängt, deren Beantwortung selber immer wieder neue Fragestellungen eröffneten.

Kinder und Jugendliche haben ebenso wie Erwachsene ein Recht darauf, selber zu fragen, herauszufinden und zu definieren was gut und was schlecht für sie selber ist.

Der damit angedeutete pädagogisch-politische Perspektivenwechsel fragt also weniger danach, wie und mit welchen Techniken Menschen bestimmte Wahrheiten, Werte oder Regeln vermittelt werden können. Er fragt danach, wie sich Verständigungsarbeit gestalten kann, damit alle Beteiligten selber herausfinden können, was gut oder eher schlecht (für sie selber und für andere) ist.

Unser Lese- und Übungsbuch **Gewalt begreifen** kann und soll helfen kleine Schritte zur Überwindung von Gewalt in die Wege zu leiten.

Viele kleine Menschen, die viele kleine Schritte tun,
können die Welt verändern.

Carl-Wilhelm Borgstedt & Ralf-Erik Posselt

# Vorbild. Wer anfängt Fragen zu stellen,
Grenzen zu erkennen, Horizonte überschreitet ... , fängt schon an zu verstehen ...

# Gewaltdefinitionen

**Gewalt** tut weh.
Benjamin (von den Ruhrkanakern)

**Gewalt** verletzt.
Dr. jur. E. Handtke

**Gewalt** schädigt und zerstört, verletzt und tötet Menschen, Tiere oder die Natur.
Shirin Pargas (von SOS-Rassismus-NRW)

**Gewalt** liegt immer dann vor, wenn Menschen gezielt oder fahrlässig physisch oder psychisch geschädigt werden. Gewalt ist immer an den Missbrauch von Macht geknüpft. Dazu gehört auch der Bereich der strukturellen Gewalt, also Ordnungssysteme und ökonomische Prinzipien, die materielle, soziale und ideelle menschliche Entwicklungen beeinträchtigen oder verhindern.
(SOS-Rassismus-NRW)

# Gewalt hat viele Formen und Quellen

An der Mündung eines Stromes kann man die Herkunft der einzelnen Wellen und das, was sie unterwegs "erlebt" haben, nicht mehr unterscheiden. Aber man weiß, daß es größere und kleinere Zuflüsse gegeben hat. Würde man die Hauptquellen der Gewalt kennen, blieben noch genug andere übrig - die Gewalt läßt sich aus dem gesellschaftlichen Leben nicht,  zumindest nicht vollständig, entfernen. Kennt man aber die Hauptzuflüsse, die Aufnahmefähigkeit ihres Umfeldes und wie sie miteinander zusammenhängen, so erhält man zumindest die Chance, so mit ihnen umzugehen, daß plötzliche größere Überschwemmungen vermieden werden können.
Reiner Steinweg (Aus: Gewalt in der Stadt, Münster 1984)

Das war die Strafe dafür, dass ihr uns unsere Vergeltung für eure Rache heimgezahlt habt!
Das wirst Du büßen!

# Warum sich Gewalt und Aggression unterscheiden ...

Mit Aggression ( lateinisch, aggredi = herangehen, heranschreiten) ist jedes Verhalten gemeint, das im wesentlichen das Gegenteil von Passivität und Zurückhaltung darstellt. Aggression ist eine dem Menschen innewohnende (lebensnotwendige) Eigenschaft und Energie. In der Vergangenheit wurde der Begriff Aggression häufig gleichgesetzt mit Gewalt, Zerstörung oder Verletzung. So wurde Aggression z.B. als Ausdruck eines gewalttätig-zerstörerischen Triebes (z.B. Sigmund Freud / Konrad Lorenz) gedacht, andererseits als Folge von Frustrationen (z.B. Dollard u.a.) oder als soziale Lernerfahrung (Lerntheorie) beschrieben.

Heute vertritt kaum ein/e Aggressionsforscher/in noch diese "reine Lehre". Vielmehr nimmt der differenzierte Gebrauch und damit die Unterscheidung von **Aggression als aktives Verhalten und Handeln** und von **Gewalt als zerstörendes und verletzendes Mittel** zu. So gehört zur Aggression durchaus der Streit, die Auseinandersetzung, der Konflikt, ebenso wie die Liebe, die Zärtlichkeit, eben alles was den Menschen aktiv werden läßt. Aggression ist somit zuerst einmal die Kennzeichnung für handlungs-bezogene Energien. Mangelnde Aggression zeigt sich beim Menschen in Passivität bis hin zur Trägheit, Gleichgültigkeit und Teilnahmslosigkeit.

Aggression kann allerdings durchaus im Zusammenhang mit Begriffen wie Gewalt, Verletzung oder Zerstörung genutzt werden. Wir sprechen dann z.B. von gewalttätiger, zerstörerischer Aggression.

Heute geht es vor allem um den bewussten Umgang der uns innewohnenden Aggressionen (und Energien). Vor allem Kinder und Jugendliche beklagen sich immer häufiger, daß sie ihre Aggressionspotentiale nicht mehr ausleben können. Die Unterdrückung von Aggressionsenergien (z.B. durch Arbeitslosigkeit, fehlendem Jugendraum, mangelnder Action, Langeweile, zu kleinen Wohnungen, Armut usw.) führt leicht zu eigenen Kontrollverlusten und damit leicht zum Rückgriff auf Gewalt, um Aggressionen ausleben zu können.

**"Der Wille zu zerstören muß entstehen,
wenn der Wille, etwas zu schaffen,
nicht befriedigt werden kann."** (Erich Fromm)

Anmerkung: Zum Weiterlesen empfehlen wir: Friebel, H. "Aggressivität und Gewalt - Arbeitsmaterialien und Diskussionen zur konstruktiven Aggressionserziehung und kritischen Gewaltkontrolle, Wuppertal, 1976.

# Zivilcourage

*Zi|vil|cou|ra|ge* die; -: mutiges Verhalten, mit dem jmd. seinen Unmut über etw. ohne Rücksicht auf mögliche Nachteile gegenüber Obrigkeiten, Vorgesetzten o. ä. zum Ausdruck bringt.
*Cou|ra|ge* [kurasch^e; lat.-fr.] die;-: Beherztheit, Schneid, Mut (in bezug auf eine nur ungern vorgenommene Handlung).
*zi|vil* [ziwil; lat.(-fr.)]: 1. bürgerlich; Ggs. militärisch (1). 2. anständig, annehmbar. (aus dem Duden)

Zivilcourage entsteht aus der Achtung des Menschen vor sich selber. In unserer Gesellschaft hat dieser Begriff seine Wurzeln in der französischen Revolution und in dem Kategorischen Imperativ: "Handle so, daß Du die Menschheit, sowohl in Deiner Person, als in der Person eines jeden anderen, jederzeit zugleich als Zweck, niemals nur als Mittel brauchtest" (Immanuel Kant, 1785). Damit beschreibt der Kategorische Imperativ eine verinnerlichte, selbsterkannte und an der Menschenwürde orientierte Haltung oder Pflicht, menschlich zu handeln.

Dies setzt also als Folge der Achtung des Menschen vor sich selber, die Achtung des anderen Menschen voraus, oder einfacher gesagt: Nur wenn Du Dich selber ertragen kannst, kannst Du auch andere ertragen.

Werden Menschen durch Ordnungssysteme, körperliche, psychische und strukturelle Gewalt, Rassismus, Gesetze, Prinzipien usw. geschädigt und wird dagegen Widerstand angemeldet und praktiziert, beginnt Zivilcourage. Um in Konflikten einzugreifen, benötigen wir Sachverstand und "Durchblick" ebenso, wie persönlichen Mut und "innere Stärke". Innere Stärke deshalb, weil Zivilcourage auch mit Ungehorsam, Regelverstoß oder der Infragestellung von Gesetzen verbunden sein kann und dies in aller Regel Nachteile mit sich bringt. Die Inkaufnahme von möglichen persönlichen Nachteilen, zum Schutz eines anderen, zur Wahrung von Menschenwürde oder gar um dem "Menschenrecht" zum Recht zu verhelfen, ist ein wesentliches Merkmal von Zivilcourage.

# Warum wir in einem Atemzug von Gewalt und Rassismus reden?

**Gewalt als** (verletzende, schädigende, zerstörerische) **Tat** birgt immer die Frage nach ihrer Rechtfertigung in sich. **Jeder Versuch,** Gewalt zu legitimieren (rechtfertigen), wertet andere Menschen ab und leugnet die Gleichwertigkeit und Würde des (anderen, verletzten) Menschen.

**Rassismus versucht die Gewalt zu rechtfertigen** und konstruiert dabei abwertende Merkmale und Eigenschaften um Menschen scheinbar legitimiert schädigen, verletzen oder töten zu können.

(Shirin Pargas)

# Die Faszination der Gewalt

Überall dort wo Gewalt tematisiert und reflektiert wird, taucht häufig die Frage auf, wieso eigentlich oft sehr schnell die Grenzen zwischen Gewalt und Spaß, Spiel, Lust, Sport und Action verschwimmen. Um Gewalt zu „begreifen" und einzugrenzen, ist es sinnvoll, nicht nur ihren verletzenden Charakter offen zu legen, sondern auch ihre „faszinierenden Aspekte" zu benennen und sich kritisch mit diesen und sich selber auseinander zu setzen:

**Faszination der Gewalt:**

*   Gewalt schafft (scheinbare) Eindeutigkeit in unklaren, unübersichtlichen Situationen.
*   Mit Gewalt können Interessen durchgesetzt und Ziele erreicht werden.
*   Gewalt schafft Fakten, die bei späteren Verhandlungen als Ausgangspunkt genommmen werden können.

* Gewalt kann eigene Privilegien / Vorteile (zumindest kurzfristig) absichern und zudem berechtigte Ansprüche anderer (eine Zeit lang) abwehren.
* Die (scheinbare) Effektivität von Gewalt braucht nicht begründet zu werden.
* Sie schafft zumindest kurzfristig partielle Solidarität bzw. erweist sich als klar erkennbarer Prüfstein für Solidarität.
* Gewalt wirkt auch nach innen, indem sie potentielle Kritiker einschüchtert.
* Gewalt schafft (vermeintliche) Klarheiten in einer komplizierten und undurchsichtigen Welt.
* Sie ist eine zumindest augenblicklich wirkende Selbst-Demonstration der Überwindung von Ohnmacht.
* Sie garantiert Fremdwahrnehmung, die mit anderen Mitteln vermutlich nicht mehr herstellbar war.
* Gewalttätigkeiten garantieren eine eingehende Medienberichterstattung.
* Gewalthandlungen werden von den Tätern oft als emotional erregend und stimulierend erlebt.
* Gewalthandlungen werden als Männlichkeitsbeweis gesehen.
* Gewalt erreicht als körperliche Auseinandersetzung und Bedrohung einen in der Spannung geradezu rauschartigen Zustand. Es ist ein In-der-Situation-Aufgehen. Die Zukunft verschwindet in intensivst erlebter Gegenwart. Körper und Geist werden in vollster Aktivität und Handlungseinheit erfahren...

Vgl. Ralf-Erik Posselt: Trainingshandbuch, Haus Villigst, 2000 und Günter Gugel: Wir werden nicht weichen. Tübingen, 1996


## Was Gewaltsituationen so problematisch macht


Gewaltsituationen
* sind oft emotional aufgeheizt;
* sind in ihrem Verlauf kaum berechenbar und kaum zu kontrollieren;
* kommen häufig unvermittelt, so dass eine Vorbereitung auf die spezifische Situation kaum möglich ist;

* erfordern sofortiges Handeln;
* machen Absprachen mit anderen in der Situation oft nur schwer möglich;
* provozieren Angst um die eigene körperliche Unversehrtheit;
* sind von ihren Folgen und Wirkungen her nicht einschätzbar
* provozieren Rache und Gegengewalt des/der Opfer

## Körperliche Reaktionen bei Gewalthandlungen

Wenn Gefahr oder Bedrohung wahrgenommen werden, veranlasst im Gehirn der Hypothalamus die Nebennieren, eine chemische Substanz namens Adrenalin in den Blutstrom abzusondern. Dieses Hormon hat folgende Wirkung:

* Glukose wird freigesetzt, um die Muskeln effizienter arbeiten zu lassen.
* Die Atmung beschleunigt sich, damit Sauerstoff die Glukose in Energie umwandeln kann.
* Das Herz schlägt schneller, um zusätzlichen Sauerstoff ins Blut und zu den Muskeln zu leiten und erhöht den Blutdruck.
* Blut wird vom Verdauungstrakt abgeleitet, um den Symptomen Übelkeit und trockener Mund entgegenzuwirken.
* Die Muskeln spannen sich für ihren Einsatz.
* Hautveränderungen treten auf, Schwitzen kühlt den Körper ab, das Gesicht erbleicht, während das Blut zu den Muskeln umgeleitet wird.
* Die Pupillen weiten sich, um die Sicht klarer werden zu lassen.

Vgl. Glynis M. Breakwell: Aggressionen bewältigen. Bern, 1998

# Was brauchen Kinder und Jugendliche, um nicht gewalttätig zu werden ...

Diese Frage lässt sich häufig am besten durch Kinder und Jugendliche selbst beantworten. In Form eines Konsensfindungsprozesses können dabei sogar Ergebnisse und Wirkungen sichtbar werden, die Anlass zu konkreten Korrekturen im Elternhaus, in Schule, Jugendhaus usw. führen können.

**Der Prozess** beginnt, indem jede/r TN gebeten wird, allein auf einem Zettel die max. 15 wichtigsten sozialen* Bedingungen zu benennen, die Kinder und Jugendliche brauchen, damit sie nicht gewalttätig werden. (Bei Rückfragen der TN lässt sich durchaus z.B. „Anerkennung" als eine solche Bedingung nennen.)

Nach ca. 3 Min. soll sich jede/r TN eine/n Partner/in suchen und aus den dann bis ca. 30 Benennungen wieder die ca. 15 wichtigsten herausfiltern usw.; es werden dann Vierergruppen gebildet, nach der Achtergruppe ist Schluss.

**Im Plenum** stellen die Achtergruppen (oder je nach Zeit schon die Vierergruppen) je ihr Ergebnis vor. Alle Nennungen werden an der Tafel/Flip-chart gesammelt, zugeordnet oder subsumiert. Vermutlich kann schon jetzt eine hohe Übereinstimmung der verschiedenen Gruppen erkannt werden. (Es lohnt sich, auf den friedlichen und erfolgreichen Charakter solcher Konsensfindungsprozesse hinzuweisen). Bitte notieren Sie mit je einem extra Strich mehrfache Nennungen und erstellen Sie dann eine neue hierarchisch gegliederte Liste: Welche Nennungen waren am häufigsten - bis - einmalige Nennungen. (Bitte enthalten Sie sich selber dabei jeglicher Wertung: oft verstecken sich hinter noch eher diffusen Begrifflichkeiten sehr konkrete Erfahrungen der TN).

Diese neue Liste aus 15 oder mehr Bedingungen überträgt nun jede/r TN auf ein eigenes Blatt und versucht dann, in einer persönlichen (stillen) Reflexionsphase, die einzelnen Bedingungen zu beantworten:

> **1. Ist die Bedingung bei mir erfüllt?**
> **2. Durch welche/n Menschen wird diese Bedingung erfüllt?**
> **3. Welches Beispiel fällt mir je Bedingung ein, wie - wo - wann - und mit wem diese Bedingung erfüllt wurde.**

Danach bleibt Zeit für einen offenen Austausch: Wer mag ein Beispiel erzählen, in dem er selber zum Beispiel: Geborgenheit, Anerkennung (genannte Bedingungen) erlebt hat.

\* Bitte unterscheiden Sie zwischen sozialen und physiologischen (körperlichen) Bedingungen. Zu den physiologischen Grundbedürfnissen des Menschen gehören: Essen, Trinken, Wohnen, Kleiden, Bewegen, Ruhe, Schlafen, Sexualität, Arbeit.
Siehe: Edition Zebra: Villigster Trainingshandbuch. 2000. S. 96 ff

# Was Kinder und Jugendliche brauchen, um nicht gewalttätig zu werden:

* Geborgenheit

* Mindestens eine vertraute Partnerbeziehung

* Zusammengehörigkeitsgefühl

* Selbstwertgefühl

* Begleitung in die (berufl.) Zukunft

* Klärung von Zukunftserwartungen

* Über gesellschaftliche Widersprüche reden

* (Ab und zu) Orientierung

* Jemanden, der/die mich stark macht

* Raum zum Auspowern
  Zeit für Irrwege und
  Atmosphäre, um wieder Ruhe zu finden...

Diese Checkliste hat die Jugendinitiative „Die Ruhrkanaker" während eines
Gewalt - Deeskalations - Trainings 1998 entwickelt.
Die Ruhrkanaker sind der Meinung, dass sie selber in Schwierigkeiten kommen würden,
und in Krisensituationen möglicherweise auf Gewalt als Lösungsmittel zurückgreifen könnten,
wenn eine oder mehrere dieser Bedingungen wegfallen bzw. nicht erfüllt werden.

# Definitionen: Rassismus

### Rassismus

liegt immer dann vor, wenn bestimmte Merkmale von Menschen (z.B. Hautfarbe, Herkunft, Religion, Geschlecht usw.) mit bestimmten Eigenschaften gekoppelt werden (z.B. wenn von der Herkuft auf die geistige, sexuelle oder kriminelle Energie o.ä. geschlossen wird) und durch diese Konstruktion eine Abwertung praktiziert wird.

### Rassismus und Diskriminierung

Wo Menschen diskriminiert werden, ist oft auch Rassismus im Spiel. Rassismus teilt Menschen anhand bestimmter Merkmale in höher- und minderwertige Gruppen ein und behauptet die Überlegenheit der eigenen Gruppe über die andere. Merkmale für diese Einteilung sind zum Beispiel die Hautfarbe, die Nationalität oder Herkunft, Kultur oder Religion. Es geht hier also um viel mehr als Vorurteile oder Unwissenheit: Rassismus rechtfertigt und betreibt die Diskriminierung und Ausgrenzung von Schwarzen, Zuwanderer/innen, Flüchtlingen, Sinti und Roma und anderen Minderheiten.

**Die Wurzeln des Rassismus** reichen weit in die Geschichte zurück. Noch im letzten Jahrhundert wurden pseudo-wissenschaftliche Theorien entwickelt, mit denen man versuchte, Menschen in Rassen einzuteilen um die Überlegenheit weißer Menschen zu beweisen. Diese Theorien lieferten die ideologische Rechtfertigung für Sklaverei und Judenverfolgung.

In der Geschichte und Biologie wurden Menschengruppen aufgrund unterschiedlicher körperlicher Merkmale wie z. B. Schädelform, Körperbau und Hautfarbe in menschliche "Rassen" unterteilt. Diese Unterteilung der Menschen finden wir auch heute noch manchmal in Unterscheidungen wie schwarze, weiße oder gelbe "Menschenrassen".

Inzwischen werden solche oder ähnliche Unterscheidungskriterien in der Biologie nicht mehr benutzt, da sie sich als irreführend, nicht trennscharf und willkürlich herausgestellt haben. Eine aktuelle Methode der Unterscheidung ist heute die Häufigkeit, mit der bestimmte

Genkombinationen in einer Bevölkerungsgruppe vorkommen. Dabei hat es sich allerdings herausgestellt, dass es in einer genetisch gleich definierten Gruppe genauso große Unterschiede zwischen den Individuen geben kann wie zwischen den Individuen von als genetisch verschieden definierten Gruppen.

Von daher wird heute der Begriff "Rasse" nicht mehr benutzt, vor allem, weil er auf seinem sozial-historischen Hintergrund (z.B. Sklavenhandel, Kolonialzeit, Nationalsozialismus) immer dann eine Rolle spielte, wenn es darum ging, Machtmißbrauch und Herrschaft über Menschen zu begründen, Menschen eigenen Interessen unterzuordnen oder sie als Menschen minderen Wertes herabzuwürdigen, zu mißssbrauchen, auszubeuten oder zu ermorden.

(Zum Weiterlesen: Luca und Francesco Cavalli-Sforza, Verschieden und doch gleich, München 1994)

Da die nationalsozialistische Rassenlehre durch die genetische Forschung mittlerweile überholt ist, kann sich auch der Rassismus nicht mehr offen auf die Überlegenheit oder Minderwertigkeit bestimmter "Rassen" berufen.

Manche Leute verpacken Rassismus darum so: "Vielleicht stimmt es, daß alle Menschen gleichwertig sind, aber ihre **Kulturen** sind so unterschiedlich, dass sie nicht zusammen leben können." Auch das ist Unsinn! Genausowenig wie es reinrassige Menschenrassen gibt, gibt es einheitliche Kulturen. In Deutschland z.B. findet man eine Vielzahl von Musikrichtungen und Kleidungsstilen oder Dialekten, es gibt Unterschiede zwischen den verschiedenen religiösen und politischen Richtungen, zwischen Jung und Alt, Reich und Arm, Frauen und Männern, Bayern und Rheinländern u.v.m.

In allen Teilen der Welt lebten und leben verschiedene Kulturen zusammen, man denke nur an die USA, Australien oder Kanada. Aber auch in Deutschland und den anderen europäischen Ländern gibt es viele interkulturelle Beziehungen, leben und arbeiten Menschen unterschiedlicher kultureller Prägung und Herkunft zusammen. In einer Welt, die z.B. durch wirtschaftliche Beziehungen, per Satellit, Kabelfernsehen und Internet immer mehr miteinander verknüpft ist, ist interkulturelles Lernen und interkulturelle Kommunikation unverzichtbar geworden.

# Alltagsrassismus

**Der gute Wille, nicht gewalttätig oder rassistisch zu sein,** reicht allein nicht aus, um nicht in den selbstzerstörerischen Prozess (der schrittweisen Akzeptanz von Gewalt und Rassismus in) unserer Gesellschaft verwickelt zu sein. Dies zeigt sich in einer rasanten Relativierung und Unkenntlichmachung von alltäglicher Gewalt und rassistischen Problemstellungen: Für viele Menschen wird es immer schwerer, Gewalt und Rassismus überhaupt noch als das zu erkennen und zu benennen, was sie wirklich ist.

**Das wirkliche Problem** sind nicht einige unbelehrbare und durchgeknallte Rechtsextremist/innen, Nazis, Gewalttäter/innen oder deren wüste Parolen.

Das wirkliche Problem ist, dass Gewalt und Rassismus ihre Ursachen in der Mitte der Gesellschaft - dort wo Regierungen und Parlamente, Gewerkschaften, Kirchen, Parteien, Vereine und gesellschaftliche Verbände, ich und du ihren Platz reklamieren – haben. **Genau in der Mitte der Gesellschaft entwickelt sich Gewalt und Rassismus und wird von dort gespeist.**

Die Behauptung führender Rechtsextremisten, dass sie "... nur das praktizieren, was wir selber heimlich denken..." hat hier ebenso ihren Platz wie der Vorwurf aus vielen Menschenrechtsinitiativen, dass die Akzeptanz und die Normalität von Gewalt und Rassismus in Deutschland ein solides Fundament für rassistische und gewalttätige Ideologien bietet.

**Allein in der Sprache finden sich viele häufig gebrauchte, rassistische Redewendungen**, die z.B. Migrant/innen, Frauen oder Behinderte diskriminieren. Als Beispiele dafür können z.B. folgende Redewendungen angeführt werden:

**„Mann, bist du dämlich...",** **"Diese Abrechnung ist getürkt worden...",** **„Diese Sache ist gemauschelt worden...",** **„...das ganze kommt mir spanisch vor.",** **„... wie hoch ist ihre Buschzulage?",** **„... hier gehts ja zu wie in einer Judenschule!",** **„... hört endlich auf mit dem herumzigeunern...",** **„...ihr brüllt ja wie die Hottentotten...",** **„... dann haben wir bald italienische Verhältnisse ...",** **„...typisch polnische Wirtschaft...",** **„... wir sind hier doch nicht im Busch ...",** **„... mach mal keinen Negeraufstand ...",** **„... wenn du mehr Geld brauchst, zeig mir einen Juden, dem man in die Tasche greifen kann ..."** **„...das macht mir einen Heidenspaß...",** **„... Ich bin doch nicht dein Neger...",** **„...ein Bier, Fräulein",** **„Schwarzfahren wird bestraft",** **„...Du Spasti", ... Du Asi, usw.**

Eine typische Rassismusfalle beginnt z.B. auch mit dem Wörtchen „aber": „Ich habe zwar nichts gegen Afrikaner, aber..." oder z.B.: ... ich liebe dich, aber jetzt hau ich dir eins auf die Jacke ..."
Deutlich wird der eingeleitete Widerspruch zu dem vorher gesagten, bei dem wir -fast ohne es zu merken- plötzlich das Gegenteil behaupten (und praktizieren).

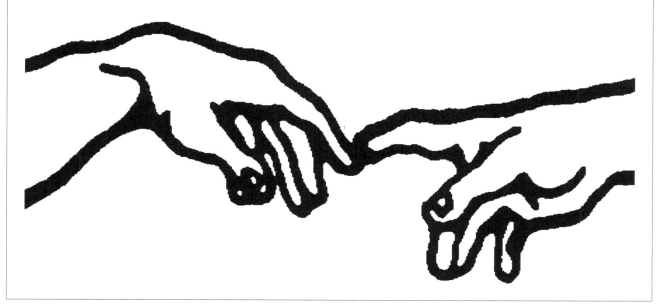

# Stereotypen und Vorurteile

Menschen werden oft in Gruppen eingeteilt: Aufgrund ihrer Kultur, ihres Glaubens, ihrer Herkunft oder an Hand äußerlicher Merkmale wie Hautfarbe, Körpergröße, Haartracht oder Kleidung.

Oft geht diese Gruppeneinteilung mit der Zuschreibung bestimmter Eigenschaften einher, die jeweiligen Gruppen werden mit bestimmten Bildern verbunden.

Wenn diese Bilder so übertrieben sind, dass sie kaum noch etwas mit der Wirklichkeit zu tun haben, sprechen wir von Stereotypen.

Stereotypen findet man z.B. noch häufig in Büchern (sogar Schulbüchern), Comics, in der Werbung oder in Filmen. Bestimmt hast Du auch schon mal irgendwo Beispiele dafür gesehen. Nämlich: Afrikanerinnen in Basträckchen, mit Knochen in der Nase und wulstigen Lippen, gefährliche Araber mit Messern bewaffnet, verschleierte türkische Frauen, Bayer/innen in Lederhosen oder Dirndln und alte Frauen, die im Schaukelstuhl sitzen und stricken.

Wenn ein Mensch oder eine Gruppe anhand von Stereotypen und nicht mehr nach ihrer oder seiner Person beurteilt wird, dann handelt es sich um ein Vorurteil. Man hat eine Meinung über jemanden oder über eine Gruppe, ohne sie wirklich zu kennen. Solche Bilder und Vorstellungen stimmen meistens nicht mit der Wirklichkeit überein und sind außerdem oft abwertend - negativ.

Es gibt aber auch positive Stereotypen. Wenn beispielsweise von schwarzen Menschen behauptet wird, daß sie schnell laufen können, kann man das als ein positives Stereotyp bezeichnen. Vielleicht denkst Du jetzt: "Was ist denn daran falsch?" Aber auch in diesem Fall werden Menschen - zu Unrecht - über einen Kamm geschoren. Überleg mal: Stimmt es wirklich, daß alle schwarzen Menschen schnell laufen können?

Vorurteile scheinen die Welt einfacher und übersichtlicher zu machen. Wenn Menschen anderen Menschen begegnen, die ihnen erstmal fremd erscheinen, macht sie das oft unsicher. Mit Vorurteilen läßt sich diese Unsicherheit überspielen. Ich kann mir einbilden, dass ich schon alles über den/die andere/n weiß und brauche z.B. keine Fragen mehr zu stellen. Eine wirkliche Begegnung mit dem oder der anderen, ein gegenseitiges Kennenlernen wird damit von vornherein ausgeschlossen.

Vorurteile sind verletzend und beleidigend (sie fügen Leid zu). Vor allem wenn sie dazu gebraucht werden, um jemanden ungerecht zu behandeln. Vorurteile nehmen anderen Menschen die Möglichkeit zu zeigen, wer sie sind und was sie können. Zum Beispiel der Unternehmer, der keine Türkinnen einstellen will, weil er gehört hat, dass "sie" immer zu spät kommen. Manche Menschen halten hartnäckig an Vorurteilen und Stammtischgeschwätz fest, obwohl sie selber überhaupt niemanden kennen, auf den oder die diese negativen Bilder zutreffen.

Vorurteile sind hartnäckig und daher schwer zu bekämpfen. Aber es gibt Hoffnung: Niemand wird mit Vorurteilen geboren. Sie sind angelernt und können deswegen auch wieder verlernt werden. Bevor Du über jemanden urteilst, kannst Du ihn oder sie besser fragen, warum er oder sie das getan hat. Denk daran, dass es Dir bestimmt auch nicht gefallen würde, wenn Du von anderen ständig über Deinen Kopf hinweg beurteilt würdest.

# Wie Menschen mit Angst umgehen können

Wir sehen grundsätzlich zwei Möglichkeiten, mit der Angst umzugehen. Die erste besteht darin, die Angst zu verleugnen, zu verdrängen, zu verharmlosen und so weiter. Dies ist ein natürlicher Schutzmechanismus, der jedem Menschen zur Verfügung steht, um eine Angstüberflutung zu verhindern. Allerdings bedeuten Verdrängung, Verleugnung und so weiter nach psychoanalytischem Verständnis immer auch, dass die Person unbewusst gegen sich selbst Gewalt ausübt: Sie unterdrückt die Angstwahrnehmung, die zur Rettung aus der Gefahr nötig wäre. Dabei findet eine innerpsychische Feindbildung statt: Die Angst wird als Feind angesehen und bekämpft.

 Im zwischenmenschlichen Bereich korrespondiert diese Form der Angstabwehr mit der Gewaltausübung gegen andere, vor denen man Angst hat. Man versucht, dem anderen die eigene Angst einzujagen und sie dadurch unter Kontrolle zu bringen. Wo die Angst der Feind ist, ist immer auch ein anderer der Feind. Angst führt zu Gewaltausübung, die Angst auslöst, wodurch wieder Gewaltausübung entsteht und so weiter.

Zweitens gibt es aber auch die Möglichkeit, die Angst nicht als Feind, sondern als Freund zu betrachten, nämlich als lebensnotwendiges Signal in gefährlichen Situationen. Dann zeigt einem die Angst, wo es wichtig ist, vorsichtig zu sein, genauer hinzuschauen und sich vor einer Gefahr zu schützen. Dieser innerpsychischen Kontaktaufnahme mit der Angst entspricht wieder eine zwischenmenschliche Möglichkeit: Wenn die Angst als ein wichtiger Freund angesehen werden kann, dann ist der andere jemand, mit dem man über gemeinsame Ängste und über gemeinsame Interessen ebenso wie über Unterschiede in Ängsten und Interessen sprechen kann.

Wenn dies möglich wird, können vorhandene Gegensätze und Konflikte im Kontakt ausgetragen werden, ohne daß Gewaltanwendung nötig ist.

Thea Bauriedl, Frieder Wölpert (Aus: Pschologie heute: Sonderheft: Warum nicht Frieden? Weinheim: Beltz-Verlag, 1984, S. 26 f.)

# Der knurrige Hund

Ein Spiegelkabinett steht auf dem Jahrmarkt,
die Kassendame gähnt und träumt vom Bett.
Ein Hund huscht unbemerkt an ihr vorüber,
hinein ins leere Spiegelkabinett.

Da steht er zwischen Wänden voller Spiegel
und jeder wirft verzerrt sein Bild zurück.
Wohin er sich auch wendet, lauter Hunde
und alle haben einen bösen Blick.

Er knurrt ganz leise. Alle Hunde knurren!
Er fletscht die Zähne. Alle fletschen mit!
Er kläfft sie an, weil alle anderen kläffen.
Er sieht, er wird bedroht auf Schritt und Tritt!

Er rennt im Kreis herum vor Wut und Panik.
Die anderen Hunde hetzen ihn wie wild.
Er taumelt, schließlich bricht er tot zusammen,
wie überall ringsum sein Spiegelbild.

Nun stell dir vor, wie wäre es gewesen,
hätte er nicht nur geknurrt von Anfang an
und ein, zwei Male mit dem Schwanz gewedelt.
Die anderen Hunde hätten's gleich getan!

Nach einem indischen Märchen

# Machen „Anti-Gewalt" Projekte noch Sinn?
## oder
## ... warum es Sinn macht, aus der „Anti-Gewalt" Haltung in einen konstruktiven Diskurs über die Gewalt einzutreten ...

Wer Gewalt ernsthaft und erfolgreich verringern will, muss zuerst einmal Verständigung über die Definition und den Sinn des Begriffes Gewalt bewirken.

In diesem Prozess wird deutlich,

- dass Gewalt oft anderen zugeschrieben und nur ungern auf eigenes Verhalten und Handeln bezogen wird;
- dass Gewalt häufig abgelehnt, wird obwohl sie bei näherer Betrachtung viele Bereiche unseres eigenen Lebens tangiert;
- dass Gewalt oft „relativiert" und damit verharmlost wird und als nicht anwendbar gelten soll, wenn damit Eigenschaften wie gut, erfolgreich, legitim, normal, notwendig, lustvoll oder „Spaß haben" verbunden werden oder die konfrontative Frage gestellt wird: „Was hätte ich denn sonst tun sollen ...";
- dass oft die Tabuisierung und Ablehnung von physischer Gewalt und Rassismus die Thematisierung eigener struktureller, verbaler und psychischer Gewalt ausblendet;
- dass Gewalt manchmal einen **„Faszinierenden Charakter"** hat, weil

  o Gewalt Eindeutigkeit in unklaren, unübersichtlichen Situationen bewirken kann;
  o Gewalt eine zumindest augenblicklich wirkende Selbst-Demonstration der Überwindung von Ohnmacht herbeiführen kann;
  o Gewalt zumindest kurzfristig partielle Solidarität erzeugt bzw. sich als klar erkennbarer Prüfstein für Solidarität erweist;

- Gewalt aufgrund von eigenen Sozialisationserfahrungen oft als ein „erfolgreiches Handlungsmodell" (Heitmeyer) begriffen wird;
- Gewalthandlungen von den Tätern oft als emotional erregend und stimulierend erlebt werden;
- Gewalt als körperliche Auseinandersetzung und Bedrohung einen in der Spannung geradezu rauschartigen Zustand erreichen kann. Es ist ein In-der-Situation-Aufgehen. Die Zukunft verschwindet in intensivst erlebter Gegenwart. Körper und Geist werden in vollster Aktivität und Handlungseinheit erfahren...;
- Gewalt Fremdwahrnehmung garantiert, die oft mit anderen Mitteln vermutlich nicht mehr herstellbar war.

- dass Gewalt verletzt, schädigt und eskaliert, und Frieden nur möglich ist, wenn wir uns auf Regeln (im zwischenmenschlichen Umgang) einigen, die für alle gelten können und sollen und deshalb wirksam werden

Von daher macht es Sinn, Gewalt in persönlichen, sozialen, lokalen wie globalen Bezügen immer wieder neu zu thematisieren und kontinuierlich der Reflexion und Auseinandersetzung mit der Gewalt Zeit und Raum zu geben.

In der pädagogischen und politischen Praxis ist damit ein Paradigmenwechsel verbunden, der Gewalt nicht mehr tabuisiert, sich nicht mehr in eher oberflächlichen „Anti-Gewalt-Haltungen" ausdrückt und nicht mehr dazu verleitet, sich selber oder die eigene Gruppe als „gewaltfrei" zu bezeichnen.

Vielmehr werden nun die Ursachen, Wirkungsweisen und Auswirkungen von Gewalt in den Mittelpunkt gerückt und **der verantwortliche Umgang mit der Gewalt** bei mir selber, in der Kommunikation mit anderen und in unserer Gesellschaft thematisiert und auf den Prüfstand gestellt. Dass dabei die mögliche eigene Widersprüchlichkeit und die eigene Verstrickung mit der Gewalt nicht mehr geleugnet wird, macht in Bezug auf Glaubwürdigkeit allenthalben mehr Sinn als die Behauptung, dass Gewalt nicht sein darf und deshalb auch nicht sei.

Von daher ist es notwendig geworden, Spiel-, Übungs- und Arbeitsansätze, Didaktiken und Methodenrepertoires zu entwickeln, die die alltägliche Gewalt nicht leugnen und die Verständigung mit Kindern, Jugendlichen und Erwachsenen herbeiführen, um gemeinsam herauszufinden, zu begreifen, zu erfahren und zu verstehen, wie Gewalt funktioniert, was Sinn macht, Wert hat, als Regel taugt und deshalb für alle gelten kann und soll.

Weil wir heute wissen, dass gut gemeinte Appelle, Werte, Belehrungen, Betroffenheit, Verbote oder Strafe oftmals kaum noch gewaltlösende Wirkungen erzeugen, haben sich Fragen nach attraktiven Lern- und Trainingsschritten in den Vordergrund gedrängt, deren Beantwortung selber immer wieder neue Fragestellungen eröffneten.

Der damit angedeutete pädagogisch-politische Perspektivenwechsel fragt also weniger danach, wie und mit welchen Techniken Menschen bestimmte Wahrheiten, Werte oder Regeln vermittelt werden können, sondern danach, wie sich Verständigungsarbeit gestalten kann, damit alle Beteiligten selber herausfinden können, was gut oder eher schlecht (für sie selber und für andere) ist.

Dabei geht es darum
- Gewalt und Rassismus zu erkennen und beim Namen nennen lernen;
- das eigene Verhältnis zur Gewalt und eigene Gewaltanteile zu überprüfen und zu klären;
- Verhaltens- und Handlungstrainings im Alltag, in Konflikt-, Bedrohungs- und Gewaltsituationen und zur Verinnerlichung von Alternativen zu entwickeln.

**Gewaltprävention** ist deshalb die gezielte und erfolgreiche Intervention zum Erkennen, zur Verringerung, zur Vermeidung  und Überwindung von Gewalt.

Dazu gehört

1. das Erkennen und Benennen von Konflikt-, Bedrohungs- und Gewaltsituationen;

2. die Thematisierung von Gewalt in allen Erscheinungsformen (physisch, psychisch, strukturell ...);

3. die Oualifizierung möglichst autenthischer Persönlichkeiten, um verletzende und zerstörerische Erfahrungen, ihre Ursachen und Wirkungen empathisch vermitteln zu können;

4. die Eröffnung von (sozialen) Erlebnis- und Erfahrungsfeldern, in denen (junge) Menschen selber herausfinden und begreifen können, welche Ursachen, Wirkungen und Spuren Gewalt hat und hinterlässt;

5. die Entwicklung eines sozialen Klimas zum Abbau und zur Ächtung von Gewalt als das was sie ist: Verletzend, schädigend, zerstörend;

6. der Respekt vor dem Gewaltmonopol des Staates;

7. die Entwicklung und Förderung konstruktiver Konfliktbearbeitung;

8. die Überprüfung und Korrektur eigener Positionen, Rassismen, Widersprüchlichkeiten und Gewaltpotentiale;

9. die Entwicklung und Erprobung von Flucht- und Interventionsmöglichkeiten in Bedrohungs- und Gewaltprozessen;

10. die Weiterentwicklung von deeskalierenden Verhaltens- und Handlungsrepertoires;

11. die Entwicklung und Stabilisierung eines andauernden gesellschaftlichen Diskurses zur Gewalt, ihrer Ursachen und Wirkungen und zu alternativen Verhaltens- und Handlungsmöglichkeiten.

# Damit wir uns richtig verstehen!

"Wir haben es nicht nur mit Menschen zu tun, die wir bilden oder verändern können, sondern auch mit solchen, bei denen die Würfel bereits gefallen sind, vielfach solchen, für deren besondere Persönlichkeitsstruktur es charakteristisch ist, dass sie in einem gewissen Sinne verhärtet, nicht eigentlich der Erfahrung offen sind, nicht flexibel, kurz: unansprechbar.

Diesen Menschen gegenüber, die im Prinzip lieber auf Autorität ansprechen, und die sich in ihrem Autoritätsglauben auch nur schwer erschüttern lassen, darf auf Autorität nicht verzichtet werden.

Wo sie sich ernsthaft vorwagen bei antisemitischen Manifestationen, müssen die wirklich zur Verfügung stehenden Machtmittel ohne Sentimentalität angewendet werden, gar nicht aus Strafbedürfnis oder um sich an diesen Menschen zu rächen, sondern um ihnen zu zeigen, dass das Einzige, was ihnen wirklich imponiert, nämlich wirklich gesellschaftliche Autorität, einstweilen dann noch gegen sie steht ...

Ich fürchte, durch Maßnahmen einer noch so weit gespannten Erziehung wird es sich kaum verhindern lassen, dass Schreibtischmörder nachwachsen. Aber dass es Menschen gibt, die unten, eben als Knechte das tun, wodurch sie ihre eigene Knechtschaft verewigen und sich selbst entwürdigen ..., dagegen läßt sich doch durch Erziehung und Aufklärung ein Weniges unternehmen."

(aus: **Erziehung nach Auschwitz**, Theodor.-W. Adorno)
Dieser Text kann als DIN A2 Plakat bei SOS-Rassismus-NRW bestellt werden.

# Lässt sich Gewalt rechtfertigen?

In vielen Seminaren und Diskussionen habe ich auf Seiten der Teilnehmenden ebenso wie auf Seiten der Trainer/innen und Referent/innen ein gefährliches lavieren (herumeiern) erlebt, wenn es um die Begründung, Bewertung und Rechtfertigung von Gewalt ging. Besonders kritisch wurde es immer dann, wenn Menschen, die von sich behaupteten, „gewaltfrei" zu sein, bei intensiverer Betrachtung eigener Verhaltensweisen feststellen mussten, dass Gewalt auch Teil ihres eigenen Verhaltens ist. Kritisch wurde es dabei immer, wenn sie häufig und sehr schnell begannen, diese Gewalt zu verniedlichen, zu negieren (verneinen) oder als ultima ratio (letztes, äußerstes Mittel) zu rechtfertigen. Weil häufig noch der Zwang zu bestehen scheint, dass Gewalt nicht sein darf, wird sie selber umdefiniert, relativiert oder als unerlässlich in „keine Gewalt" uminterpretiert.

Dabei spielt es keine Rolle, ob Gewalt zum Beispiel als Notwehr oder um sich angemessen ernähren oder kleiden zu können, rechtlich legitimiert, sogar gutgeheißen oder in der Regel gesellschaftlich gar nicht als Gewalt wahrgenommen wird.

Beispiel:
In einer Diskussion, ob zum Beispiel verantwortungsvolles Autofahren noch Gewalt sei, erlebte ich, dass die Verletzung der Umwelt (schädliche Abgase) und das Töten (zum Beispiel von Mücken an der Windschutzscheibe) nicht als Gewalt zu werten sei, weil z.B. die Fortbewegung des Menschen (auch per Bus oder Bahn) unverzichtbar und notwendig sei und auch juristisch mehr als gerechtfertigt sei.

Gesellschaftlich konsensfähig scheint mir heute eine Definition von Gewalt zu sein, die Gewalt als verletzend und schädigend beschreibt. „Verletzend" versteht sich dabei prozesshaft und beginnt bei der (durchaus subjektiven) verbalen, psychischen, physischen, strukturellen, usw. verletzenden Grenzüberschreitung und endet im schlimmsten Fall mit der Tötung von Lebewesen. „Schädigend" wird dabei in der Regel auf Sachen (und damit nur indirekt auf Lebewesen) bezogen und endet in der Regel mit der Zerstörung.

Wer Gewalt bewertet oder rechtfertigt, begibt sich in eine gefährliche Sackgasse, weil damit das Wesen der Gewalt (verletzen und schädigen) kaschiert (verborgen) oder verharmlost und die Rechtfertigung für das eigene Handeln und Verhalten vermieden oder ausgeblendet werden soll.

Gewalt ist und bleibt aber immer ein verletzendes, schädigendes Mittel, auf das wir Menschen zurückgreifen können, manchmal sogar müssen oder eben auch nicht. Maßgeblich für den Einsatz dieses Mittels ist nicht die „Verpackung", Rechtfertigung oder Bewertung von Gewalt sondern unser eigenes Vermögen, auf Gewalt als Mittel (zum Beispiel um sich zu ernähren) verzichten zu können oder eben nicht. Einige Menschen verzichten so zum Beispiel auf alle Lebensmittel, die auf die (Verletzung und) Tötung von Tieren zurückgehen; andere fahren grundsätzlich nicht Auto, weil die Verletzungsgefahr ihrer Meinung nach zu groß erscheint.

**Zu rechtfertigen ist von daher nicht die Gewalt (sie verletzt und schädigt immer), sondern unsere eigene Entscheidung für unser jeweiliges Handeln und Verhalten.**

Genau hier liegt auch unser Problem: Sich selber zuzugestehen, dass Gewalt offensichtlich zu meinem eigenen Alltag gehört. Gewalt zu rechtfertigen, zu legitimieren oder zu bewerten führt leicht dazu, sie auch zu billigen, sie nicht für wahr zu erklären und wegzudefinieren. Die Konsequenz ist Wahrnehmungsverlust und ein gewohnheitsmäßig steigender (unverantwortlicher) Umgang mit dem Mittel Gewalt.

Die Lösung unseres Problems sehe ich also nicht in der Rechtfertigung oder Relativierung (Einschränkung der Gültigkeit) der Gewalt, sondern in der andauernden Reflexion des eigenen Handelns und Verhaltens und der Überprüfung, ob ich (immer öfter) auf das Mittel der Verletzung und Schädigung (Gewalt) verzichten kann.

Weil die Formel „Gewaltfreiheit" eine Utopie ist und bleibt, wird es darum gehen, den **eigenverantwortlichen Umgang mit der Gewalt** zu erproben, nach alternativen Handlungs- und Verhaltensmöglichkeiten zu suchen um immer häufiger Gewalt (als scheinbar normales, unausweichliches Mittel) zu überwinden.

Gerade im Umgang mit Kindern und Jugendlichen ist diese Problematik von besonderer Bedeutsamkeit:

So geht es zum einen um prägende Grundeinsichten und Einstellungen, um die Übernahme der Verantwortung für das eigene Reden, Handeln und Verhalten und zum anderen um ein Glaubwürdigkeitsproblem und die Herstellung von Authentizität (Übereinstimmung der Botschaft mit der/dem Botschafter/in) bei uns Referent/innen und Trainer/innen.

(Shirin Pargas)

# Nicht alles gefallen lassen...

Wir wohnten im dritten Stock mitten in der Stadt und haben uns nie etwas zu Schulden kommen lassen, auch mit Doerfelts von gegenüber verband uns eine jahrelange Freundschaft, bis die Frau sich vor dem Fest unsere Bratpfanne auslieh und nicht zurückbrachte.

Als meine Mutter dreimal vergeblich gemahnt hatte, riss ihr eines Tages die Geduld, und sie sagte auf der Treppe zu Frau Muschg, die im vierten Stock wohnt, Frau Doerfelt sei eine Schlampe. Irgendwer muss das den Doerfelts hinterbracht haben, denn am nächsten Tag überfielen Klaus und Achim unseren Jüngsten, den Hans, und prügelten ihn windelweich.

Ich stand grad im Hausflur als Hans ankam und heulte. In diesem Moment trat Frau Doerfelt drüben aus der Haustür, ich lief über die Straße, packte ihre Einkaufstasche und stülpte sie ihr über den Kopf. Sie schrie aufgeregt um Hilfe, als sei sonst was los, dabei drückten sie nur die Glasscherben etwas auf den Kopf, weil sie ein paar Milchflaschen in der Tasche gehabt hatte.

Mittagszeit, und da kam Herr Doerfelt mit dem Wagen angefahren. Ich zog mich sofort zurück, doch Elli, meine Schwester, die mittags zum Essen heimkommt, fiel Herrn Doerfelt in die Hände. Er schlug ihr ins Gesicht und zerriss dabei ihren Rock. Das Geschrei lockte unsere Mutter ans Fenster, uns als sie sah, wie Herr Doerfelt mit Elli umging, warf unsere Mutter mit Blumentöpfen nach ihm.
Von Stund an herrschte erbitterte Feindschaft zwischen den Familien.
Weil wir nun Doerfelts nicht über den Weg trauen, installierte Herbert, mein ältester Bruder, der bei einem Optiker in die Lehre geht, ein Scherenfernrohr am Küchenfenster. Da konnte unsere Mutter, waren wir anderen alle unterwegs, die Doerfelts beobachten. Augenscheinlich verfügte diese über ein ähnliches Instrument, denn eines Tages schossen sie von drüben mit einem Luftgewehr herüber. Ich erledigte das feindliche Fernrohr dafür mit einer Kleinkaliberbüchse, an diesem Abend ging unser Volkswagen unten im Hof in die Luft.

Unser Vater, der als Oberkellner im hochrenommierten Café Imperial arbeitete, nicht schlecht verdiente und immer für den Ausgleich eintrat, meinte, wir sollten uns jetzt an die Polizei wenden. Aber unserer Mutter passte das nicht, denn Frau Doerfelt verbreitete in der ganzen Straße, wir, das heißt unsere gesamte Familie, seien derart schmutzig, dass wir mindestens zweimal jede Woche badeten und für das hohe Wassergeld, das die Mieter zu gleichen Teilen zahlen müssen, verantwortlich wären. Wir beschlossen also, den Kampf aus eigener Kraft in aller Härte aufzunehmen, auch konnten wir nicht mehr zurück, verfolgte doch die gesamte Nachbarschaft gebannt den Fortgang es Streites.

Am nächsten Morgen schon wurde die Straße durch ein mörderisches Geschrei geweckt. Wir lachten uns halbtot, Herr Doerfelt, der früh als Erster das Haus verließ, war in eine tiefe Grube gefallen, die sich vor der Haustür erstreckte. Er zappelte ganz schön in dem Stacheldraht, den wir gezogen hatten, nur mit dem linken Bein zappelte er nicht, das hielt er fein still, das hatte er sich gebrochen. Bei alledem konnte der Mann noch von Glück sagen - für den Fall, dass er die Grube bemerkt und umgangen hätte, war der Zünder einer Plastikbombe mit dem Anlasser seines Wagens verbunden. Damit ging kurze Zeit später Klunker-Paul, ein Untermieter von Doerfelts, hoch, der den Arzt holen wollte.

Es ist bekannt, dass die Doerfelts leicht übel nehmen. So gegen zehn Uhr begannen sie, unsere Hausfront mit einem Flakgeschütz zu bestreichen. Sie mussten sich erst einschießen, und die Einschläge befanden sich nicht alle in der Nähe unserer Fenster. Das konnte uns nur Recht sein, denn jetzt fühlten sich auch die anderen Hausbewohner geärgert und Herr Lehmann, der Hausbesitzer, begann um den Putz zu fürchten. Eine Weile sah er sich die Sache noch an, als aber zwei Granaten in seiner guten Stube krepierten, wurde er nervös und gab uns den Schlüssel zum Boden. Wir robbten sofort hinauf und rissen die Tarnung von der Atomkanone. Es lief alles wie am Schnürchen, wir hatten den Einsatz oft genug geübt, die werden sich jetzt ganz schön wundern, triumphierte unsere Mutter und kniff als Richtkanonier das rechte Auge fachmännisch zusammen.

Als wir das Rohr genau auf Doerfelts Küche eingestellt hatten, sah ich drüben gegenüber im Bodenfenster ein gleiches Rohr blinzeln, das hatte freilich keine Chance mehr, Elli, unsere Schwester, die den Verlust ihres Rockes nicht verschmerzen konnte, hatte zornroten Gesichts das Kommando "Feuer!" erteilt. Mit einem unvergesslichen Fauchen verließ die Atomgranate das Rohr, zugleich fauchte es auch auf der Gegenseite. Die beiden Geschosse trafen sich genau in der Straßenmitte.

Natürlich sind wir nun alle tot, die Straße ist hin, und wo unsere Stadt früher stand, breitet sich jetzt ein graubrauner Fleck aus. Aber eins muss man sagen, wir haben das Unsere getan, schließlich kann man sich nicht alles gefallen lassen. Die Nachbarn tanzen einem sonst auf der Nase herum.

**(Gerhard Zwerenz)**

# Dann gibt es nur eins!

Du, Mann an der Maschine und Mann in der Werkstatt. Wenn sie dir morgen befehlen, du sollst keine Wasserrohre und keine Kochtöpfe mehr machen – sondern Stahlhelme und Maschinengewehre, dann gibt es nur eins: **Sag NEIN!**

Du, Mädchen hinterm Ladentisch und Mädchen im Büro. Wenn sie dir morgen befehlen, du sollst Granaten füllen und Zielfernrohre für Scharfschützengewehre montieren, dann gibt es nur eins: **Sag NEIN!**

Du, Besitzer der Fabrik. Wenn sie dir morgen befehlen, du sollst statt Puder und Kakao Schießpulver verkaufen, dann gibt es nur eins: **Sag NEIN!**

Du, Forscher im Laboratorium. Wenn sie dir morgen befehlen, du sollst einen neuen Tod erfinden gegen das alte Leben, dann gibt es nur eins: **Sag NEIN!**

Du, Dichter in deiner Stube. Wenn sie dir morgen befehlen, du sollst keine Liebeslieder, du sollst Hasslieder singen, dann gibt es nur eins: **Sag NEIN!**

Du Arzt am Krankenbett. Wenn sie dir morgen befehlen, du sollst die Männer kriegstauglich schreiben, dann gibt es nur eins: **Sag NEIN!**

Du, Pfarrer auf der Kanzel. Wenn sie dir morgen befehlen, du sollst den Mord segnen und den Krieg heilig sprechen, dann gibt es nur eins: **Sag NEIN!**

Du, Kapitän auf dem Dampfer. Wenn sie dir morgen befehlen, du sollst keinen Weizen mehr fahren – sondern Kanonen und Panzer, dann gibt es nur eins: **Sag NEIN!**

Du, Pilot auf dem Flugfeld. Wenn sie dir morgen befehlen, du sollst Bomben und Phosphor über die Städte tragen, dann gibt es nur eins: **Sag NEIN!**

Du, Schneider auf deinem Brett. Wenn sie dir morgen befehlen, du sollst Uniformen zuschneiden, dann gibt es nur eins: **Sag NEIN!**

Du, Richter im Talar: Wenn sie dir morgen befehlen, du sollst zum Kriegsgericht gehen, dann gibt es nur eins: **Sag NEIN!**

Du, Mann auf dem Bahnhof. Wenn sie dir morgen befehlen, du sollst das Signal zur Abfahrt geben für den Munitionszug und für den Truppentransport, dann gibt es nur eins: **Sag NEIN!**

Du, Mann auf dem Dorf und Mann in der Stadt. Wenn sie morgen kommen und dir den Gestellungsbefehl bringen, dann gibt es nur eins: **Sag NEIN!**

**Du, Mutter in der Normandie**
**und Mutter in der Ukraine,**
**du, Mutter in Frisco und London,**
**du, am Hoangho und am Mississippi,**
**du, Mutter in Neapel und Hamburg**
**und Kairo und Oslo**
**– Mütter in allen Erdteilen,**
**Mütter in der Welt,**
**wenn sie morgen befehlen,**
**ihr sollt Kinder gebären,**
**Krankenschwestern für Kriegslazarette**
**und neue Soldaten für neue Schlachten,**
**Mütter in der Welt, dann gibt es nur eins:**

**Sagt NEIN! Mütter, sagt NEIN!**

(Wolfgang Borchert, 1921 – 1947)

# Planet Erde

Wenn wir die ganze Menschheit des Planeten Erde verkleinern würden auf ein Dorf von 100 Bewohnern, so sähe es in diesem Dorf ungefähr so aus:

> 57 Menschen stammten aus Asien, 21 Menschen aus Europa.
> Es wären 14 Amerikaner darunter und 8 Afrikaner.
> In dem Dorf gäbe es 52 Frauen und 48 Männer.
> 30 Menschen hätten helle Hautfarbe, 70 eine dunkle.
> 30 Personen würden an den christlichen Gott glauben,
> 70 Personen an einen anderen oder gar keinen.
> 6  Leute würden 59 % des gesamten Reichtums besitzen und
> alle 6 kämen aus Amerika.

80 Menschen hätten nicht genügend Platz zum Wohnen.
70 Menschen könnten nicht lesen und schreiben.
50 von 100 Dorfbewohnern würden Hunger leiden,
weil sie nicht genug Nahrung gekommen.

Nur einer ist in der Schule so gut gewesen, dass er auf einer Universität ein Studium geschafft hat.
Ebenfalls nur ein einziger der Dorfbewohner besäße einen Computer.
> Falls du heute morgen gesund und nicht krank aufgewacht bist, bist du glücklicher
> als 1 Million Menschen, welche die nächste Woche nicht erleben werden.
Falls du nie einen Kampf in einem Krieg erlebt hast, nie im Gefängnis gesessen hast,
nie durch Hunger oder Folter gequält worden bist, dann bist du glücklicher als
500 Millionen Menschen der Welt.
> Falls du ohne Angst in eine Kirche oder Moschee gehen und an  Gott glauben kannst,
> bist du glücklicher als 3 Milliarden Menschen der Welt.
Falls du einen Kühlschrank besitzt, du mit Kleidung angezogen bist, ein Dach über dem Kopf und
ein Bett zu Hinlegen hast, bist du reicher als 75 % der Einwohner dieser Welt.
> Falls du ein Konto bei der Bank hast, etwas Geld im Portemonnaie und etwas
> Kleingeld in einem Sparschwein, gehörst du zu 8 % der wohlhabendsten
> Menschen auf dieser Welt.
Falls du diese Nachricht liest, kannst du glücklich sein,
denn du gehörst nicht zu den 2 Milliarden Menschen, die nicht lesen können.

# Wie Du den dümmsten Stammtisch-Parolen Paroli bieten kannst ...

Die Party ist schön, die Stimmung gelöst, die Gespräche angeregt. Und plötzlich erzählt der Mensch neben Dir: „Ist doch schrecklich mit der Arbeitslosigkeit, heutzutage. Gut ausgebildete junge Deutsche sitzen zu Hause und finden keinen Job, und die Ausländer nehmen Ihnen die Arbeitsplätze weg." Die anderen am Tisch starren schweigend auf ihre Getränke. Und was kannst Du jetzt tun?

## Einfach ignorieren?

Hat leider unangenehme Folgen: Der Parolenschwinger kann sich ausbreiten, fühlt sich durch den fehlenden Widerspruch bestärkt und als „Gewinner". Vielleicht macht er, bestärkt durch den Erfolg, einfach weiter.

## Fakten allein helfen leider selten

Muss der Gesprächspartner nicht überzeugt werden können, wenn er sieht, dass seine Argumentation faktisch falsch ist? Leider nicht. In der Regel wird er sie ignorieren oder Dir, wie es so schön heißt, das Wort im Mund umdrehen und den Fakt passend zu seiner Wahrnehmung umformen.

Aber: Es gibt Fakten, die funktionieren besser als andere. Die solltest Du nutzen: Fakten, die Aha-Erlebnisse ermöglichen, Nachdenklichkeit provozieren, Irritationen auslösen. Vermittelt werden die am besten in Form persönlicher Geschichten, Anekdoten, eigener Erfahrungen.

## Logik ist taktisch klug

„Woher weißt Du das denn?", „Kannst Du mir erklären, wie a) und b) zusammenpassen?" „Hast Du dafür mal ein konkretes Beispiel?" Nachfragen verstrickt Parolenschwinger oft in Widersprüche oder weist auf Absurditäten der Argumentation hin. Schön demontierend.

## Nicht verzetteln lassen!

Der Parolenschwinger haut Dir eine Stammtischweisheit nach der nächsten um die Ohren? Dann fordere ihn auf, mal bei seiner ersten These zu bleiben, um darüber zu diskutieren. Besser, eine Parole zu entschärfen, als sich an vielen Argumentationssträngen zu verzetteln.

## Willst Du das wirklich?

Konsequenzen können ein Argument sein. Denke die Parole laut weiter. Wozu führt der (z.B. menschenverachtende oder demokratiefeindliche) Spruch, wenn er in Handlungen mündet? Will der Diskussionspartner das wirklich? Weiterdenken hilft auch bei kurz gegriffenen Aussagen (etwa: „Wie sähe denn Dein Leben aus, wenn morgen am Tag alle sogenannten Ausländer das Land verlassen würden?").

## Humor ist, wenn man trotzdem lacht

Verbissenheit tut Diskussionen niemals gut. Ein passender Witz, eine Portion Selbstironie können

Wunder wirken, um das Klima zu entspannen und alle Gesprächsteilnehmer wieder für Argumente zu öffnen.

## Kein Oberlehrertum!

Wie reagierst Du, wenn Dich jemand belehren will – oder auch mit der Moralkeule kommt? Genervt, abwehrend, weniger offen für das, was gesagt wird? Eben.

## Schaff Dir Verbündete

Wer argumentiert schon gern allein gegen den Rest der Welt. Wenn jemand am Tisch ein wirkungsvolles Argument nennt oder es einige gemeinsame Punkte gibt – einfach in Deinen nächsten Gesprächsbeitrag noch einmal aufnehmen, die Gemeinsamkeit benennen. Das nimmt der Angesprochene positiv wahr, unterstützt Deine Punkte dann wohlmöglich auch.

## Du darfst auch mal zustimmen

Jetzt nennt das Gegenüber eine These, von der Du findest, dass vielleicht „etwas Wahres dran" ist? Dann kannst Du ruhig mal in Teilen zustimmen, Verständnis zeigen. Aber nicht nachlassen, pauschale Aussagen zu relativieren, Vielschichtigkeit aufzuzeigen und alternative Denkweisen anzuregen.

## Schön still sein

Die Diskussion kocht, der Ton wird laut? Rede bewusst leise und ruhig. Oft hört man Dir dann aufmerksamer und offener zu, als wenn Du im Kampf um die lautstärkste Meinung mitbrüllst.

## Lasse den Wortführer auflaufen

Einer am Tisch quatscht die ganze Zeit. Natürlich reizt das, auf ihn zu reagieren. Ist taktisch aber nicht klug: Die Unentschiedenen und Indifferenten, die schweigend am Tisch stehen und zuhören, sind viel interessanter! Sie können eher zum Nachdenken angeregt werden. Und wenn man Sie gezielt nach Ihrer Meinung oder Erfahrung befragt, könnten Sie sich als Kooperationpartner herausstellen, die Deine Überzeugungskraft unterstützen können.

## Körperlich überzeugen

Nein, nein, das ist kein Plädoyer für schlagkräftige Argumente. Vielmehr kann Körpersprache helfen, Situationen zu entschärfen. Jeder möchte gern ernst genommen werden und den Eindruck haben, dass der Gesprächspartner zuhört. Lehne Dich zurück, strecke die Beine aus – gib Dich ganz gelassen und offen für den Anderen. Weniger zur Entwicklung von Empathie geeignet: Verschränkte Arme (signalisiert Blockieren), weit über den Tisch beugen (wirkt wie „Über-den-Tisch-ziehen-wollen").

## Manchmal muss man es sein lassen

Dir fehlen gerade die Worte? Möglicherweise sogar die nötigen Hintergrundinformationen, um gut zu argumentieren? Es ist legitim, eine Diskussion auf einen späteren Zeitpunkt zu verschieben, zu dem man sich besser vorbereiten kann.

Text in Anlehnung an: mut-gegen-rechte-gewalt,von Simone Rafael

# Integration

bezeichnet den Vorgang der Eingliederung von Menschen in ein gesellschaftliches System (z.B. Behinderte in eine Regelschule) oder in eine Gesellschaft (z.B. Menschen anderer Herkunft).

Integration heißt gesellschaftliche, gleichberechtigte Teilhabe bei gleichzeitiger Wahrung der je eigenen Identität, Religion und kulturellen Äußerungen aller Beteiligten (gerade der jeweiligen Minderheit).

Integration löst dabei das Aufeinanderzugehen aller Beteiligten aus. Wenn diese Leistung nur einseitig auf die Minderheit bezogen erwartet wird, sprechen wir von Assimilation (Angleichung/Unterordnung).

# Integration findet statt,

- wenn sich alle aufeinander zu bewegen
- aufrecht und ohne Rückgradverbiegung,
- wenn man angstfrei anders sein kann,
- wenn auch fremde Würde gilt,
- wenn niemand auf seine Herkunft reduziert wird,
- wenn Menschen mehr sind als eine aufenthaltsrechtliche Kategorie,
- wenn sich auch die Mehrheit in eine neue Gesellschaft integriert,
- wenn man nicht wie ein Tropfen im Meer verschwindet,
    sondern Stein in einem Mosaikbild wird,
- wenn Mehrheiten die Zuwandernden aufnehmen
    wie trockenes Land den Regen.

Text aus: Europäischer Integrationspass 2004

# Mach den Integrationstest:
## HAST DU VORURTEILE?

Bitte kreuze an,
welche Eigenschaften auf welche Menschen am ehesten zutreffen.
Mehrfachnennungen sind nicht möglich.

| | Franzosen | Türken | Polen | Deutsche | Iren |
|---|---|---|---|---|---|
| **freundlich** | ○ | ○ | ○ | ○ | ○ |
| **sauber** | ○ | ○ | ○ | ○ | ○ |
| **pünktlich** | ○ | ○ | ○ | ○ | ○ |
| **herrschsüchtig** | ○ | ○ | ○ | ○ | ○ |
| **tolerant** | ○ | ○ | ○ | ○ | ○ |
| **arrogant** | ○ | ○ | ○ | ○ | ○ |
| **frauenfeindlich** | ○ | ○ | ○ | ○ | ○ |
| **kinderfreundlich** | ○ | ○ | ○ | ○ | ○ |
| **humorvoll** | ○ | ○ | ○ | ○ | ○ |
| **geizig** | ○ | ○ | ○ | ○ | ○ |
| **gewalttätig** | ○ | ○ | ○ | ○ | ○ |
| **rassistisch** | ○ | ○ | ○ | ○ | ○ |
| **klauen** | ○ | ○ | ○ | ○ | ○ |
| **charmant** | ○ | ○ | ○ | ○ | ○ |
| **stur** | ○ | ○ | ○ | ○ | ○ |
| **heimtückisch** | ○ | ○ | ○ | ○ | ○ |
| **liebevoll** | ○ | ○ | ○ | ○ | ○ |

# HAST DU VORURTEILE?
## Testauflösung

Liebe Testperson, dieser Test ist der größte Blödsinn und eine große Falle. Falls du auch nur eine Eigenschaft zugeordnet hast, bist du schon in die Vorurteilsfalle gelaufen, musst jetzt sofort den folgenden Text auswendig lernen und zweiundsechzigmal abschreiben:

**Vorurteile** sind Vorstellungen, die ohne Prüfung auf deren Richtigkeit übernommen werden. Wenn diese Vorstellungen dauerhafte Form annehmen, werden sie **Stereotypen** genannt. Wenn jemand voreingenommen ist, neigt er/sie dazu, nur die Dinge zu sehen, die seine/ihre Vorstellungen bestätigen, er/sie sieht nur noch das, was er/sie sehen will und seine/ihre Vorurteile oder Stereotypen bestätigt.

**Vorurteile** sind verletzend. Vor allem, wenn sie dazu gebraucht werden, um jemanden ungerecht zu behandeln. Vorurteile nehmen anderen Menschen die Möglichkeit zu zeigen, wer sie sind und was sie können. Zum Beispiel der Unternehmer, der keine Schwedinnen einstellen will, weil er gehört hat, dass "sie" immer zu spät kommen. Manche Menschen halten hartnäckig an Vorurteilen und Stammtischgeschwätz fest, obwohl sie selber überhaupt niemanden kennen, auf den oder die diese negativen Bilder zutreffen.

**Vorurteile** sind hartnäckig und daher schwer zu bekämpfen. Aber es gibt Hoffnung: Niemand wird mit Vorurteilen geboren. Sie sind gelernt und können deswegen auch wieder verlernt werden. Bevor du über jemanden urteilst, kannst du ihn oder sie besser fragen, warum er oder sie sich so oder so verhält. Denk daran, dass es dir bestimmt auch nicht gefallen würde, wenn du von anderen ständig über deinen Kopf hinweg beurteilt würdest.

# Yavas arkadas

**Türke:** Soll ich dir auf türkisch beibringen,
what du sagen kannst,
wenn dich in der Stadt jemand blöd anmacht?
**Deutscher:** Ja, sag mal.

**Türke:** Wenn die auf dich zukommen,
dich schubsen wollen oder so,
dann sagst du: Yavas. Sags mal.
**Deutscher:** Yavas. Ja, wasch dich mal (lacht).

**Türke:** Yavas heißt langsam.
Oder vorsichtig.
**Deutscher:** Immer schön langsam
oder vorsichtig waschen?

**Türke:** Sag mal jetzt: Yavas arkadas.
**Deutscher:** Yavas arkadas.
Und was hat das zu bedeuten?

**Türke:** Arkadas. Freund heißt das.
Mach mal langsam Freund.
**Deutscher:** Ich will doch nicht Freund sagen.

**Türke:** Aber Schläge willst du doch auch nicht.
Also sags noch mal.
**Deutscher:** Yavas arkadas.

**Türke:** Yavas arkadas.

(aus: widu-Theater: Angst im Kopf: www.kultur-und-medien.com)

# Böhse rechte Onkelz

Die taz darf die Böhsen Onkelz auch in Zukunft eine „berüchtigte rechtsradikale Band" nennen. Gestern hob das Landgericht Berlin eine einstweilige Verfügung auf, die der taz genau dies untersagt hatte. Sie war von den Böhsen Onkelz erwirkt worden, nachdem wir in der Ausgabe vom 23. Oktober 2000 geschrieben hatte, die Böhsen Onkelz seien eine „berüchtigte rechtsradikale Band" (siehe taz vom 12./ 13. Mai).

Diese Titulierung der Band, so der Vorsitzende Richter am Berliner Landgericht, Michael Mauck, sei ein zulässiges Werturteil, da sich die Band nicht hinreichend von ihrer rechtsradikalen Vergangenheit distanziert habe.

Mauck räumte ein, dass er bei der Klageerhebung davon ausgegangen sei, dass die Böhsen Onkelz sich endgültig vom Saulus zum Paulus bekehrt hätten. Die Klageerwiderung der taz zeige allerdings, so Mauck, dass die Angelegenheit doch etwas problematischer sei und die Band von der Verbindung zu ihrer rechtsradikalen Vergangenheit lebe.

In ihrer Klageerwiderung schrieb die taz: Die Böhsen Onkelz geben zwar vordergründig vor, mit ihrer rechten Vergangenheit nichts mehr zu tun zu haben, versichern ihren rechtsradikalen Anhängern allerdings bei jeder Gelegenheit augenzwinkernd, dass sie trotz des Drucks der Öffentlichkeit im Kern ungebrochen und ganz die Alten geblieben sind. Das Festhalten an dem alten Bandnamen ist für die taz ein weiterer Beleg, wie die Onkelz mit ihrer rechtsradikalen Vergangenheit kokettieren. Richter Mauck meinte deshalb in seiner Urteilsbegründung: Wer seine rechtsradikale Klientel so bedient und damit viel Geld verdient, muss sich gefallen lassen, als „berüchtigte rechtsradikale Band" bezeichnet zu werden.

Die Zurückweisung der Klage ist ein herber Rückschlag für die 1979 gegründeten Böhsen Onkelz. Denn seit Jahren versuchen sie ihr Image in der bürgerlichen Öffentlichkeit mittels einstweiliger Verfügungen und Klagen weißzuwaschen und der Presse zu diktieren, wie diese die Band zu bewerten hat. Die Strategie hatte Erfolg. So machten sich unter anderen der Grünenpolitiker Daniel Cohn-Bendit und der Berliner Autor Klaus Farin zum Fürsprecher der Band, die ein übersteigertes Männlichkeitsbild propagiert. Cohn-Bendit versicherte, dass sich die Onkelz für ihn überzeugend geläutert hätten. Ein subjektives Werturteil, das auch in der taz-Redaktion von einigen MitarbeiterInnen geteilt wird.

taz-Anwalt Eisenberg verwies darauf, dass die Überhöhung des Männlichen, die Verherrlichung der Gewalt und die Weltsicht des Bandmitglieds Weidner, für den 99 Prozent der Journalisten Arschlöcher sind, alles andere als zivilgesellschaftliche Haltung seien.

Die Begründung, weshalb die Böhsen Onkelz eine „berüchtigte rechtsradikale Band" sind, steht im Internet: www.taz.de (Rechtsradikale-Boehse Onkelz).                aus: taz vom 16.5.2001, taz-Bericht: Eberhard Seidel

# Mach den Antirassismustest:

## 1. Welche Eigenschaften treffen auf <u>Ausländer</u> zu?

Du darfst nur max. 5 Eigenschaften ankreuzen:

schwach
lustig
faul
herrschsüchtig
aufgeschlossen
freundlich
besitzgierig
stark
fleißig
gerecht
schön
feige
sauber
hinterhältig
offen
zivilisiert
fortschrittlich
angriffslustig
grausam
tapfer
friedlich
schmutzig

## 2. Welche Eigenschaften treffen auf <u>Deutsche</u> zu?

Du darfst nur max. 5 Eigenschaften ankreuzen:

schwach
lustig
faul
herrschsüchtig
aufgeschlossen
freundlich
besitzgierig
stark
fleißig
gerecht
schön
feige
sauber
hinterhältig
offen
zivilisiert
fortschrittlich
angriffslustig
grausam
tapfer
friedlich
schmutzig

# Testergebnis 1

Sehr geehrte Testperson,
Sie haben wirklich Recht, dieser Test ist einfach nur blöd, dreist, dumm, hirn-
rissig und gehört in den Mülleimer.

Daß Sie diesen Test nicht mitgemacht haben
und nichts angekreuzt haben, zeichnet Sie aus:
Sie sind **nicht** in unsere Rassismus-Falle gelaufen.

Herzlichen Glückwunsch!

# Testergebnis 2

Sehr geehrte Testperson,
Sie haben den Test **leider** nicht bestanden
und sind in unsere Rassismus-Falle gelaufen.
Natürlich gibt es "einige", auf die Ihr Kreuzchen zutreffen mag
- Vorurteile entstehen oft aus Verallgemeinerungen.
Bitte nehmen Sie diesen Test in Ihren nächsten Auslandsurlaub
mit und überprüfen Sie dort, was Sie nun selber sind.
Danach beginnen Sie diesen Test nocheinmal.
Danke.

# „Wer Gegengewalt übt,

**bleibt in der Spirale der
Gewalt gefangen;**

**er durchbricht nicht
das System der Gewalt
das die Welt beherrscht,**

**sondern nährt es
und eskaliert es in sich;**

**er pflanzt es in die neue Situation
in neuer Gestalt ein.**

**Verwerfliche Mittel höhlen
das gute Ziel von innen her aus
und können es nur
im begrenzten Maße
verwirklichen."**

**(Dom Helder Camara)**

# Aktion NOTEINGANG

Bei der Aktion NOTEINGANG geht es darum, weitere Bündnispartner zu suchen und zu finden und dann zum Beispiel an der Haus-, Laden-, Auto-, Dienststellentür usw. den DIN A 5 Aufkleber anzubringen. Mit diesem Aufkleber sollen alle Menschen angesprochen werden, die in Bedrohungs- oder Gewaltsituationen Schutz benötigen. Jeder Mensch kann in eine Situation geraten, in der er Hilfe benötigt. Gut ist es dann zu wissen, wo ich Hilfe bekomme. Hilfeleistung für Menschen in Not ist Bürgerpflicht und eigentlich eine Selbstverständlichkeit. Oft ist dies in Vergessenheit geraten.

Die Aktion NOTEINGANG kann ein geeignetes Mittel sein, wenn es darum geht, Sensibilität, Zivilcourage und Solidarität zu entwickeln und zu stabilisieren. Gestützt wird diese Aktion durch den Aufruf von Präses Manfred Sorg zur Beteiligung an dem Bündnis für Toleranz und Zivilcourage und den Start einer Kampagne, um die Ursachen von Rechtsextremismus und Fremdenfeindlichkeit aufzuspüren und den bekannten Auswirkungen zielgerichtet entgegenzutreten. Je größer die Zahl derer wird, die sich an der Aktion beteiligen, desto deutlicher wächst das Bekenntnis unserer Gesellschaft zu Zivilcourage und Solidarität. Von daher macht es Sinn, die Aktion NOTEINGANG auch im Rahmen des Bündnisses für Toleranz und Zivilcourage zu starten und Bündnispartner/innen in allen Bereichen zu suchen und zu finden.

Die Aktion NOTEINGANG entstand 1998 in Bernau in Brandenburg, wurde 2000 mit dem Aachener Friedenspreis ausgezeichnet und ist zwischenzeitlich in Städten wie Berlin, Braunschweig, Dortmund, Frankfurt-Oder, Mülheim an der Ruhr, Halle u.a. realisiert worden. Dabei ist es oft zu guten Kooperationen mit z. B. den regionalen Einzelhandelsverbänden, den Ausländerbeiräten, der Polizei, den Kirchen, der Bäckerinnung, den Jugendhäusern, den Taxibetreiber/innen, Pommesbuden usw. gekommen.

# Erläuterungen zur Aktion NOTEINGANG

Begründet wurde die Aktion Noteingang im Jahre 1998 in Bernau / Brandenburg als unmittelbare Folge rechtsextremer Übergriffe auf zwei ausländische Mitbürger. Im Jahre 2000 erhielt diese Aktion durch die Auszeichnung mit dem Aachener Friedenspreis eine bundesweite Anerkennung. Zahlreiche andere Städte, z.B. Berlin, Braunschweig, Dortmund, Frankfurt/Oder und Halle, haben sich ihr inzwischen angeschlossen.

Im Bündnis für Toleranz und Zivilcourage soll mit der Aktion NOTEINGANG gewalttätigen, antisemitischen, rassistischen, diskriminierenden Angriffen vorgebeugt werden. Sollte es dennoch zu einer Gefahrensituation kommen, signalisiert der Aufkleber Bereitschaft zur Hilfe. So werden Sensibilität für Gewalt entwickelt, Solidarität mit den Betroffenen gezeigt und Unterstützungsmöglichkeiten für mögliche Opfer geschaffen, denn:

1. Jeder kann in eine Situation geraten, in der er Hilfe benötigt. Auch Sie! Niemand ist dann gerne allein.

2. Hilfeleistung für Menschen in Not ist Bürgerpflicht und eine Selbstverständlichkeit. Oft gerät dies in Vergessenheit. Die Aktion NOTEINGANG signalisiert, dass Sie bereit sind, aktiv Hilfe zu leisten.

3. Die Aktion NOTEINGANG schafft nicht nur Solidarität mit möglichen Opfern sondern auch mit hilfsbereiten Menschen.

4. Meinungsbildung braucht Signale! Diese fließen ein in die öffentliche Diskussion und Meinung und haben Wirkungen wie z. B. in der beabsichtigten Ablehnung jeder Form von Gewalt.

5. Gewalt hat viele Gesichter - Hilfe auch. Couragierte Menschen, eine offene Tür, ein Telefonat, ein schützender Raum, ein Gespräch...

# Verhaltenstipps für den Ernstfall der Aktion NOTEINGANG

1. **Seien Sie vorbereitet**

Eine Bedrohungssituation entsteht oft plötzlich. Schon vorher eine solche Situation durch-zuspielen, kann durchaus hilfreich sein. Versetzen Sie sich in die Rolle des Opfers oder eines Zeugen, wenn ein Mensch belästigt, bedroht oder gar angegriffen wird. Überlegen Sie, was Sie in einer solchen Situation fühlen würden. Stellen Sie sich Ihre verschiedenen Handlungsmöglichkeiten vor: Im Ernstfall kann alles sehr schnell gehen. Trainings zur konstruktiven Konfliktbearbeitung und zur Deeskalation von Bedrohungs- und Gewalt-situationen bietet das Amt für Jugendarbeit der EKvW (www.gewalt-akademie.de) laufend an.

2. **Bleiben Sie ruhig**

Konzentrieren Sie sich darauf, das zu tun, was notwendig ist. Vermeiden Sie provokan-tes Auftreten und hastige Bewegungen, um einen Angreifer nicht zusätzlich herauszufor-dern.

3. **Reagieren Sie aktiv**

Zeigen Sie, dass es Ihnen nicht gleichgültig ist, was passiert. Reagieren Sie sofort. Warten Sie nicht, dass Andere helfen. Jede Handlung verändert die Situation und kann Andere dazu bringen, ebenfalls einzugreifen. Nehmen Sie Blickkontakt zum Opfer auf, das vermindert die Angst. Sprechen Sie das Opfer direkt an: "Ich helfe Ihnen!".

### 4. Begeben Sie sich nicht in Gefahr

Spielen Sie nicht den Helden. Drohen Sie dem Angreifer nicht und werten Sie ihn nicht persönlich ab. Versuchen Sie, mit dem Angreifer ein Gespräch aufzunehmen, es könnte die Situation entspannen. Verhalten Sie sich nicht unterwürfig - das würde den Täter stärken. Bringen Sie das mögliche Opfer sofort aus dem Sichtfeld des Angreifers und in Sicherheit.

### 5. Machen Sie Andere aufmerksam

Versuchen Sie, möglichst viele Menschen auf die Situation aufmerksam zu machen. Schreien Sie laut, am besten "Hilfe - Feuer!", darauf reagiert jeder. In Straßenbahnen und U-Bahnen: Ziehen Sie die Notbremse. In Bussen: Alarmieren Sie den Fahrer oder die Mitfahrenden. Gewalttäter scheuen die Öffentlichkeit und die Gefahr, wieder erkannt zu werden.

### 6. Aktivieren Sie Andere zur Hilfe

Rufen Sie einzelne Personen direkt zur Hilfeleistung auf, statt die Allgemeinheit anzusprechen. Viele sind bereit zu helfen, wenn ein erster Schritt getan ist und sie persönlich angesprochen werden. "Hallo, Sie mit der blauen Jacke ..."

### 7. Rufen Sie die Polizei -Telefon 110

Falls ein direktes Eingreifen zu gefährlich ist, alarmieren Sie umgehend die Polizei. Auch bei Handys ist die Rufnummer 110 kostenlos. Beobachten Sie genau und merken Sie sich das Aussehen, Kleidung und Fluchtweg der Täter. Melden Sie sich als Zeuge.

Die **Aktion NOTEINGANG** wird zur Zeit (2004) schon getragen und realisiert von:

Aktion Noteingang Lippe, Oerlinghausen www.St-Hedwighaus.de / Amt für Jugendarbeit der EKvW www.aej-haus-villigst.de / Anti-Rassismus-Telefon, Essen / ART MEETS GRAFIK, Mülheim an der Ruhr www.klausdschiemann.de / Bündnisbüro für Toleranz und Zivilcourage www.buendnis-ekvw.de / Beratungsstelle Zartbitter Münster e.V. www.zartbitter-muenster.de / Deutscher Kinderschutzbund Hagen www.kinderschutzbund-hagen.de / Diakonisches Werk Lüdenscheid-Plettenberg fmigration@t-online.de / Dietrich-Bonhoeffer-Haus. Münster / Evangelische Frauenhilfe in Westfalen e.V. www.frauenhilfe-westfalen.de / Evangelische Jugendbildungsstätte Nordwalde www.jubinordwalde.de /

Evangelische Jugend Hagen www.jupfa-hagen.de / Evangelische Jugend in der Arche, Recklinghausen, duzoh@gmx.de / Evangelische Jugend Minden www.juchhuh.de / Evangelische Jugend Münster / Evangelisches Jugendbüro Altena / Evangelisches Jugendzentrum "Auf der Höhe", Essen-Kettwig / Evangelisches Krankenhaus Schwerte www.eks-schwerte.de / Evangelische Studierendengemeinde Dortmund www.esg-dortmund.de / Evangelisches Kinder- und Jugendzentrum Enger / Fachwerk Gievenbeck, Münster www.stadt-muenster.de/fachwerk / Flüchtlingsrat Essen / Foyer du Marin, Douala / Kamerun / Gemeindedienst Mission und Ökumene, Witten gemdienst@aol.com / Gewalt Akademie Villigst www.gewaltakademie.de / Hauptschule Alte Geer, Gevelsberg http://ghs.alte-geer.bei.t-online.de / Haus der Kulturen, Herten www.haus-der-kulturen.de / Haus der Offenen Tür der Evang. Andreas-Gemeinde Münster hot.coerde@gmx.de / Haus der Offenen Tür (HOT) Heepen Evang. Jugend Bielefeld rso8a@evjugendbi.de Internetcafé Komm@Pott Dortmund www.kommpott.de / Jugendbildungsstätte Berchum www.esw-berchum.de / Jugendgemeinschaftswerk Espelkamp jgw.espelkamp@t-online.de / Jugendhaus "Trockendock", Marienfeld www.trodo.de / Jugendinformations- und -beratungszentrum (Jib) in Münster www.nein-zu-gewalt.de / Jugendkeller Gestringen - Espelkamp / Jugendring Hagen / Jugendzentrum AREA 51, Duisburg www.JZ-AREA51.de / Jugendzentrum Black Bull, Amelsbüren / Jugendzentrum Rottmannshof Dorsten www.rottmannshof.de / Jugendzentrum Tempel, Duisburg www.jz-tempel.de / Katholische Kirchengemeinde St. Ida Münster www.st-ida-gremmendorf.de / Katholische Kirchengemeinde St. Sebastian, Münster / Kontaktstelle Evangelische Jugend Dortmund Mitte-Nordost / Kontaktstelle Evangelische Jugend Lünen www.ej-luenen.de / Norddeutsches Bewachungs-Institut GmbH, Münster / Westfalen / Mülheimer Initiative Toleranz MIT www.muelheim-ruhr.de / Ökumene-Ausschuss Evangelische Kirchengemeinde Schwerte www.stviktor.de / Offene Jugendarbeit Ascheberg e.V. www.oja-ascheberg.de / Pro Asyl Flüchtlingsrat Essen / Runder Tisch in Hamm www.evkirchehamm.de / Runder Tisch gegen Gewalt, Nottuln / SOS-Rassismus-NRW www.sos-rassismus-nrw.de / Stadt Mülheim an der Ruhr www.muelheim-ruhr.de / Synodaljugendpfarramt Recklinghausen www.kirchenkreis-re.de / Weihnachtsspielgruppe St. Viktor, Schwerte // Stand:Juni 2004

Weitere Informationen und Materialien gibt es im: **Bündnisbüro der Evangelischen Kirche von Westfalen (EKvW), Haus Villigst, 58239 Schwerte Tel: 02304-755190, Fax: 02304-755295 Email: g.kirchhoff@aej-haus-villigst.de   www.buendnis-ekvw.de**

# Manifest
# für eine Kultur des Friedens
# und der Gewaltfreiheit

Im Bewusstsein meiner Verantwortung für die Zukunft der Menschheit und insbesondere für die Kinder von heute und morgen verpflichte ich mich hiermit, in Alltag und Familie, Gemeinschaft und Arbeit, in meinem Land und meiner Region zur Einhaltung folgender Grundsätze:

1.   **Achtung jedes Lebens:** Ich will ohne Unterschied und Vorurteil das Leben und die Würde jedes Menschen anerkennen.
2.   **Ablehnung von Gewalt:** Ich will Gewaltfreiheit leben, indem ich selbst keine körperliche, sexuelle, seelische, wirtschaftliche oder soziale Gewalt anwende, insbesondere nicht gegenüber Schwächeren und Wehrlosen wie Kindern und Jugendlichen.
3.   **Mit anderen teilen:** Ich will meine Zeit und meine Mittel großzügig mit anderen teilen, damit Ausgrenzung, Ungerechtigkeit sowie politische und wirtschaftliche Unterdrückung ein Ende finden.
4.   **Zuhören und verstehen:** Ich will freie Meinungsäußerung und kulturelle Vielfalt verteidigen und grundsätzlich den Dialog und das Interesse am anderen gegen Fanatismus, Verleumdung und Ausgrenzung setzen.
5.   **Erhaltung der Erde:** Ich will mich für maßvolles Konsumieren und eine Entwicklung einsetzen, die allem Leben im Einklang mit der Natur auf unserem Planeten gerecht wird.
6.   **Solidarität:** Ich will zur Entfaltung meiner Gemeinschaft, zur vollen Gleichberechtigung der Frauen und zur Anerkennung der demokratischen Werte beitragen, damit wir alle gemeinsam neue Formen der Solidarität schaffen können.

**Dieses Manifest wurde bis Juli 2004 schon von über 75 Millionen Menschen weltweit unterstützt und kann auch weiterhin unter www.unesco.org/manifesto2000 unterzeichnet werden.**

# Blaue Augen

Wie ihr sicherlich wisst, kommen die Menschen ursprünglich aus Afrika. Heiß brannte dort die Sonne, und weil Mutter Natur den Menschen liebte, stattete sie ihn zum Schutz vor der Strahlung mit einer Vielzahl von Pigmenten aus. Die ersten Menschen waren also schwarz, hatten dunkle Haare und ebenso dunkle, fast schwarze Augen.

Im Laufe der Jahrtausende wanderten die Menschen immer weiter nach Norden. Die Sonne hatte hier nicht mehr so viel Kraft, es war kühler. Die Menschen passten sich immer besser an ihre Umgebung an: Ihre Haut wurde heller. Die dunklen Pigmente verschwanden weil der Mensch über die Haut und durch Sonneneinstrahlung das im Norden spärlich vorhandene Vitamin D selber bilden kann - die Haut wurde heller, damit die Sonneneinstrahlung besser in den Körper eindringen kann.  Auch die Haare veränderten sich. Sie färbten sich erst kastanienbraun, dann dunkelblond und später hellblond. Die Augen wurden erst braun und grau, dann grün und schließlich blau.

Am Ende der Entwicklung war der Mensch etwas käsig, immer Gefahr laufend, sich einen Sonnenbrand zu holen, schön blond mit blauen Augen. In den letzten Jahrzehnten hat sich aber die Industrie ungeheuer schnell fortentwickelt. Das hat Vor- aber auch Nachteile, wie Abgase und Ozonkiller, mit sich gebracht. Es entstand das Ozonloch, über dessen Auswirkungen schon viel geschrieben und gesagt wurde.

**Allerdings nichts über die wirklichen Folgen!**
Ausgesprochen hart hat es dabei die Blauäugigen getroffen. Bei ihnen fehlen besonders viele Pigmente, so dass die Sonnenstrahlen ungehindert durch die Kopfhaut, die Augen über die Iris und die Nervenstränge bis zum Gehirn eindringen können.
Hier führen sie zum Austrocknen des Gehirns – Blauäugige werden langsam aber sicher debil, gedankenlos, manche schwachsinnig andere auch faul oder sogar kriminell!

Was Wissenschaftler versuchen zu verschweigen, hat der Volksmund längst erkannt. Das Sprichwort „Sei doch nicht so blauäugig!" spielt auf die langsame Verblödung an.

Sicher hast Du schon gemerkt, dass ein Teil dieser Geschichte erlogen und erstunken ist. Die Farbe der Haut, die der Augen oder der Haare sagen nur sehr wenig über einen Menschen aus. Die ganze Geschichte ist nur blöd und wild erfunden. Menschen können anhand ihrer äußeren Merkmale nicht in intelligent, dumm, gut, fleißig oder faul eingeteilt oder bewertet werden.

So, und jetzt kannst Du Dich einmal selber fragen, wann Du zum letzten mal selber von den äußeren Merkmalen eines Menschen auf seine Werte, seine Begabung, seine Leistungsfähigkeit oder Freundlichkeit usw. geschlossen hast. Und wenn ... dann macht es manchmal Sinn, sich an die eigene Nase zu packen.

# Sexismus:

*"Verhaltensweisen, die einen Menschen aufgrund seines Geschlechtes benachteiligen. Mit Sexismus kennzeichnet insbesondere die Frauenbewegung das diskriminierende Verhalten von Männern gegenüber Frauen in Politik, Arbeitswelt und Gesellschaft. Sexismus beruht auf dem Vorurteil, daß die Frau aufgrund ihrer biologischen Geschlechtszugehörigkeit dem Mann körperlich und intellektuell unterlegen sei. Sexismus wird überall dort deutlich, wo Frauen zuerst als Geschlechtswesen und erst dann als Menschen betrachtet und behandelt werden."*
(aus: "Aktuell-Lexikon", Chronik Verlag)

Sexismus ist der Glaube an die Höherwertigkeit des männlichen und die Minderwertigkeit des weiblichen Geschlechts. Der Begriff Sexismus wurde in Anlehnung an den Begriff Rassismus geprägt. Er bezieht sich nicht nur auf individuelle Vorurteile, sondern auch auf institutionalisierte Diskriminierung.

Sexismus zieht sich wie ein glühender roter Faden durch die Geschichte und die alltäglichen Lebensbereiche von Frauen. Die verharmlosende Begriffserklärung "Benachteiligung der Frau" ist bei weitem nicht ausreichend für eine von Männern dominierte Kultur, die kontinuierliche Herrschaft und Gewalt gegen Frauen ausübt. Aufrechterhalten und gestützt wird Sexismus durch die geschlechtsspezifische Arbeitsteilung zwischen Männern und Frauen:

Aufgrund ihrer Gebärfähigkeit und der damit verbundenen Schwangerschaft wird den Frauen in einer patriarchalischen Gesellschaft der Bereich des Haushalts und der Kindererziehung zugewiesen. Sie sind außerdem zuständig für die Rekreation des Mannes, in der Familie soll er sich erholen, um seine gesellschaftlich anerkannte Arbeitskraft zu erhalten. Zugleich wird der Erziehungsarbeit und Hausarbeit der Frauen eine geringe Bedeutung beigemessen, sie wird unbezahlt geleistet. Die Zuordnung der Frauen in den häuslichen Bereich hat erhöhte Verfügbarkeit und Machtlosigkeit zur Folge: Frauen haben keinen Zugang zum Bereich der Öffentlichkeit, zu finanziellen Ressourcen, zur politischen Macht.

"Feminismus ist als politische Bewegung die Antwort auf alle Spielarten des Sexismus, denen Frauen gegenwärtig ausgeliefert sind. Feminismus bedeutet Kampf gegen den Sexismus."
(M. Janssen-Jurreit, aus: Sexismus, Gewaltfreie Aktion, Baden).

# Sexismus in der Sprache von Männern

im Gegenüber zu Frauen. Weil sprachgewaltige Männer in der Regel Gewalt in der Sprache verstecken, hier die wichtigsten Vorwürfe:

**In welche Fallen tappen Männer?**

1. Männer ergreifen öfter das Wort und reden länger als Frauen. Männer melden sich öfter zu Wort (häufig auch als erste in einer Diskussion oder Konferenz) und reden durchschnittlich bei ihren Wortmeldungen länger als die Frauen. Die Quantität ihrer Redebeiträge ist oft direkt proportional zu ihrer Stellung, zu ihrem Rang in einer Gruppe. Der Ranghöchste redet am meisten. Aber auch rangniedere Männer reden häufig immer noch mehr als Frauen gleich welchen Ranges. In der selbstverständlichen Beschneidung der Redezeit von Frauen bis hin zum gänzlichen Stummachen von Frauen in Gremien, wo sie gar nicht gehört werden, liegt die Gewalt gegen uns Frauen.

2. Männer unterbrechen Frauen systematisch; Frauen unterbrechen Männer kaum. In allen Unterhaltungen, ob Gruppengespräche zwischen Frauen und Männern, zu Hause bei Paaren, die zusammenleben oder bei solchen, die sich gerade kennengelernt haben, in den verschiedensten Situationen, die bisher untersucht wurden, stellte sich heraus, dass Männer Frauen sehr viel mehr unterbrechen als umgekehrt. Durch Unterbrechung wird aber Gesprächskontrolle ausgeübt. Die Sprecherin wird gehindert, ein Thema zu entwickeln, ihre Position darzustellen, in ihrem Tempo Argumente anzubieten. Wenn Unterbrechungen gehäuft vorkommen, wird sie dadurch schlicht gehindert, überhaupt etwas Vernünftiges zu sagen.

3. Frauen müssen um ihr Rederecht kämpfen und müssen kämpfen, es zu behalten. Es ist schwer für Frauen, zu Wort zu kommen, sich zu behaupten, gehört zu werden. Wenn Frauen die Redeerlaubnis haben und reden, müssen sie dafür sorgen, dass sie ihr Thema zu Ende führen können: Sie müssen Unterbrechungsversuche abwehren, bei Einwürfen ihr Rederecht behaupten, bei Unterbrechungen versuchen, ihr Rede-

recht zurückzubekommen, und vor allem durch das, was sie sagen und wie sie es sagen, die Aufmerksamkeit der Männer bewahren. Deshalb stellen sie mehr Fragen und beziehen sich mehr auf Männer, um sie zu einer Reaktion zu zwingen, die sie sonst nicht sicher bekämen. Deshalb sind Frauen auch höflicher und persönlicher.

Ihre Konzentration und ihre Energie werden auf die Arbeit gelenkt, sich das Rederecht zu verschaffen, zu erhalten und zurückzugewinnen. Die Unterbrechungs-versuche und Unterbrechungen ihrer Beiträge sind auch ein Indiz dafür, dass sie als Gesprächspartnerin mißachtet werden. In der Mißachtung von uns Frauen als Person liegt die Gewaltanwendung.

4.     Männer bestimmen das Gesprächsthema, und Frauen leisten die Gesprächsarbeit. Es wurde gezeigt, dass Frauen zwar mehr Themen einführen als Männer, aber weniger ihre Themen zu Ende bringen, weil die Männer nur minimal oder gar nicht reagieren. Sie geben also keine Unterstützung, und Frauen lassen darauf hin ihre Themen fallen. Auf diese Weise kontrollieren Männer, welches Thema interessant und verfolgt wird. Meistens sind das ihre Themen. Wenn dagegen ein Mann ein Thema einbringt, wird er von der Frau unterstützt, das Thema zu entwickeln. Frauen reagieren, stellen interessante Fragen, machen bewundernde Einwürfe, hören aufmerksam zu, lächeln, ermuntern, vor allem unterbrechen sie nicht und lassen die Männer mit ihren Themen erfolgreich zu Ende kommen. Also Männer kontrollieren den Gesprächsablauf, und Frauen leisten die Arbeit, um das Gespräch aufrechtzuerhalten.

(aus: Senta Trömel-Plötz, Gewalt durch Sprache, Frankfurt, 1984)

**Und hier die wichtigsten "Fallen", in die Männer tappen:**

**Die Show abziehen:** Zu viel, zu lang und zu laut reden.

**Der Problem-Löser:** Ständig die Antwort oder die Lösung eines Problems liefern, noch bevor andere die Gelegenheit haben, sich einzubringen.

**In GROSSBUCHSTABEN reden:** Die eigene Lösung oder Meinung als DAS letzte und abschließende Wort zum Thema einbringen (wird oft verstärkt durch den Ton in der Stimme und die Körperhaltung).

**Verteidigungshaltung:** Auf jede entgegengesetzte Meinung so antworten, als sei es ein persönlicher Angriff: "Offensichtlich hat keiner verstanden, was ich gesagt habe. Was ich meinte, war..."

**Haarspalterei:** Unbedeutende Fehler in den Stellungnahmen anderer herauspicken, Ausnahmen zu jeder Regel feststellen.

**Wiederholen:** Genau dasselbe wiederholen, was eine Frau (!) gerade vollkommen klar und deutlich gesagt hat.

**Aufmerksamkeit suchen:** Alle dramatischen Mittel einsetzen, um ins Scheinwerferlicht zu kommen.

**Wichtigtun:** Durch die Beobachtung von Gruppenprozessen und Formalem die Aufmerksamkeit auf sich lenken und dadurch die Verantwortlichkeit von einzelnen und von der Gruppe verhindern.

**Herabsetzen:** "Ich habe das früher auch geglaubt, aber inzwischen..."; "Willst du wirklich behaupten, dass...?"

**Immer Kritisieren:** An allem und jedem etwas Schlechtes oder Problematisches finden.

**Das Gesprächsthema verändern:** Die Diskussion auf die eigenen Lieblingsthemen lenken, um die eigene Lieblingsmeinung loszuwerden.

**Der Pöstchen-Halter:** An formalen Machtpositionen festkleben.

60

# Warum belästigen
# Jungen die Mädchen?

Im Rahmen der "Münchner Kampagne Aktiv gegen Männergewalt", die am Deutschen Jugendinstitut wissenschaftlich begleitet wurde, beantworteten 360 Schülerinnen und Schüler einer Münchner Realschule einen Fragebogen zum Thema. Die Ergebnisse wurden bei einem Projekttag der Realschule mit allen 15 Klassen und den 30 Lehrerinnen und Lehrern diskutiert.

Viele Mädchen fühlen sich von Jungen und Männern sexuell belästigt.
Fast die Hälfte der 153 befragten Mädchen im Alter von 12 bis 17 Jahren berichteten, sie hätten erlebt, dass Jungen und Männer hinter ihnen hergepfiffen (47 %), blöde Sprüche (45 %) und Beleidigungen (40 %) losgelassen, sexistische Witze gerissen (34 %) und anzügliche Bemerkungen über den Körper der Mädchen gemacht haben (35 %). Dreizehn Mädchen (8 %) waren schon  zu sexuellen Handlungen genötigt, sechs sogar vergewaltigt worden (4 %). Zwei Drittel der Mädchen wurden schon einmal von Jungen "Hure, Nutte, Schlampe" oder ähnliches genannt. Die Mädchen empfinden in solchen Situationen vor allem Wut (55 %) und Hass (47 %), aber auch Angst (39 %), Hilflosigkeit (37 %) und Ekel (32 %). Die Mädchen stört an den Jungen, wenn sie sich "macho-haft" verhalten (74 %), und sie erkennen, dass Jungen daraus Stärke und Macht über Mädchen ziehen wollen und "sich dann ganz toll vorkommen" (66 %).

Die Mädchen möchten aber von den Jungen ernstgenommen (87 %) und respektiert (79 %) werden. Von den Lehrerinnen und Lehrern wird erwartet, dass sie eingreifen und die Jungen zurechtweisen, wenn sie Mädchen beleidigen (60 %), und dass Gewalt gegen Mädchen im Unterricht besprochen wird. Die Jungen sollen selbst aktiv werden, um ihr Verhalten zu ändern, fordern 46 % der Mädchen. Rund 60 % wünschen sich von ihren Geschlechtsgenossinnen mehr Zusammenhalt statt Konkurrenz; die Mädchen sollen nicht hintenherum über andere reden und sich nicht gegenseitig fertigmachen, sondern einander helfen.

Die Antworten der 207 befragten Jungen machen deutlich, dass sie sich noch wenig mit ihrem Verhalten gegenüber Mädchen und Frauen selbstkritisch auseinandergesetzt haben. 30 % geben an, sich bisher nicht beleidigend oder belästigend gegenüber Mädchen verhalten zu haben; aber viele Jungen geben zu, sexistische Witze oder Beleidigungen gegenüber Mädchen geäußert (27 %) oder sie lächerlich gemacht (23%) zu haben.

Hinterherpfeifen (25 %), blöde Sprüche (23 %), Anmachen (21 %) und anzügliche Bemerkungen (17 %) sind den Jungen bekannte Verhaltensweisen, die sie am häufigsten auf dem Schulhof (35 %), auf der Straße (31 %), im Klassenzimmer (29 %), auf dem Schulweg (16 %) und in öffentlichen Verkehrsmitteln (15 %) ausüben. Auf die Frage, warum Jungen  Mädchen beleidigen oder belästigen, antworten die Jungen, "weil es ihnen Spaß macht" (53 %), um sich stark zu fühlen" (51 %), "weil sie einfach niemand davon abhält und ihnen niemand ihre Grenzen zeigt" (39 %), "aus Minderwertigkeitskomplexen heraus" (23 %) und "weil sie Mädchen verachten" (4 %). 80 % der befragten Jungen glauben, dass Mädchen "manchmal" von Jungen angemacht werden wollen. Manchmal sei ein Mädchen selber schuld, wenn sie von einem Jungen "angemacht" wird, zum Beispiel, "wenn sie provoziert" (47%) oder "wenn sie sich entsprechend anzieht" (41 %). Überraschend sind die Reaktionen der Jungen auf die Frage, wie die Gewalt von Jungen gegen Mädchen verschwinden könnte: 59 % sind der Auffassung, daß den Jungen "Grenzen gesetzt" werden müssen; 43 % sind für die Förderung der Gleichberechtigung, 35 % halten es für den richtigen Weg, die Mädchen zu stärken, und 31 % finden, dass die Jungen selbstbewußter gemacht werden sollten.

Anita Heiliger

# Warum, warum, warum...

Weil Rassismus immer dann beginnt, wenn bestimmte Merkmale von Menschen mit bestimmten Eigenschaften gekoppelt wurden und daraus eine Diskriminierung entsteht, haben wir einige Merkmale von Menschen aufgegriffen, um zu zeigen, dass diese nichts über den Wert, die Würde oder die "Intelligenz" von Menschen aussagen können, sehr wohl aber über die menschliche Entwicklungsgeschichte. Davon unabhängig ist die Gleichwertigkeit und Würde eines jeden Menschen. An einigen Beispielen zeigen wir, warum Menschen unterschiedlich aussehen, und dass es Sinn macht, diesen Fragen auf den Grund zu gehen, auch deshalb, weil wir im Alltag immer wieder erleben, wie unzulässige Vorurteile an körperlichen Merkmalen festgemacht werden.

**Wenn Du anfängst, Fragen zu stellen, fängst Du schon an zu verstehen...**

**Warum gibt es eigentlich unterschiedliche Merkmale bei Menschen wie z. B. verschiedene Hautfarben?**
Der Mensch hat sich, wie jedes andere Lebewesen, immer an seine Umwelt und das ihn umgebende Klima angepaßt. Dieser Prozeß hat oft hunderte oder tausende Jahre gedauert und dabei sichtbare Merkmale, wie z. B. die Färbung der Haut, bewirkt. Solche Anpassungsprozesse waren nötig, um Menschen in der jeweiligen Region auf Dauer überleben zu lassen. Drei Wochen auf Mallorca zeigen Dir, wie dieser Prozeß funktioniert.

**Gibt es eigentlich verschiedene Menschen-"Rassen"?**
Jeder Mensch wird durch ca. 150.000 Erbfaktoren bestimmt, davon machen äußere Merkmale wie Haut- und Haarfarbe usw. gerade mal ein Dutzend aus. Durch Wanderungen haben sich die Menschen seit jeher so stark vermischt, dass es keine "Rassen" gibt. Genetisch betrachtet können zwei Menschen aus verschiedenen Erdteilen näher miteinander verwandt sein als Individuen einer spezifischen Gruppe, auch wenn sie z. B. eine unterschiedliche Hautfarbe haben. Vergleicht man z. B. die Merkmale aller Bauern in Oberbayern mit den Merkmalen der Fulanis (Steppenbewohner) in Zentralafrika, so lässt sich erkennen, dass die Unterschiede der beiden Gruppen an einer Hand abzuzählen, die Unterschiede in der je eigenen Gruppe aber viel, viel größer sind und in die Tausende gehen.

**Gibt es denn bei Tieren "Rassen"?**
In der (landwirtschaftlichen) Tierzucht versucht man immer noch (auf tierquälende Weise), "reine Rassen" zu züchten, obwohl wir schon lange wissen, dass mit der Zucht nicht nur "positive", sondern auch negative Eigenschaften angezüchtet werden und dass mit dieser Praxis auf Dauer Degeneration und Unfruchtbarkeit erzeugt wird.
(So gilt z. B. der Schäferhund in bestimmten Kreisen zwar als "reinrassig", obwohl dieses Tier unter schweren angezüchteten "Neben"-wirkungen (z. B. Deformierung der Hüften) leidet. Durch "Überzüchtung" und die damit verbundenen Beeinträchtigungen von Tieren ist heute gerade die Tierzucht in Verruf geraten). Auch bei Tieren gibt es keine "Rassen". Die Unterschiede, z. B. bei Schäferhunden untereinander sind tausendfach größer als die Unterschiede z. B. der Schäferhunde zum Pudel oder zum Dackel.

**Ist Intelligenz vererbbar?**
Es gibt kein "Intelligenz-Gen", das man lokalisieren könnte. Intelligenz ist ein Bündel von Eigenschaften, die jeweils von Menschen mit ganz bestimmten Interessenlagen formuliert wird. Viele Intelligenztests werden entwickelt, um Menschen mit bestimmten Merkmalen auszugrenzen, ohne dabei z. B. kulturelle oder soziale Bedingungen, wie z. B. Schulbildung, Sozialisation, frühkindliche Prägungen usw. zu berücksichtigen. So wurden lange Zeit und werden immer noch, z. B. Frauen und Schwarze, als weniger intelligent bezeichnet.

## Warum gibt es verschiedene Hautfarben?

Die Hautfarbe entwickelt sich durch Anpassung an das Klima. Offensichtlich waren die ersten Menschen sehr dunkel, da der Mensch seinen Ursprung in Afrika hat. Dunkle Haut ist ein Schutz gegen die Sonne. Als die Menschen nach Norden wanderten, gab es allerdings ein Problem; die Nahrungsmittel im damaligen Europa und in Asien enthielten nicht genügend Vitamin D. Der Körper kann dieses lebensnotwendige Vitamin allerdings selber produzieren, wenn die UV-Strahlung des Sonnenlichts tief genug in die Haut eindringen kann (und das kann sie bei heller Hautfarbe viel leichter). Deshalb haben Menschen ihre dunkle Hautfarbe verloren, um auf ihrer Wanderung in den Norden überleben zu können. Wußtest Du eigentlich, dass auch dunkelhäutige Menschen einen Sonnenbrand bekommen können?

## Warum sind eigentlich Pygmäen klein?

Alle Menschen, die schon lange im feuchten tropischen Klima leben, sind im allgemeinen kleinwüchsig. Dies gilt z. B. für Indonesien, die Philippinen, Neuguinea, die Mayas, die Bewohner der tropischen Wälder Brasiliens; die Pygmäen sind allerdings die Kleinsten von allen. Im Äquatorialwald herrscht ein besonderes Klima, an das sich die Menschen angepaßt haben; es ist zwar nicht extrem heiß, aber die Luftfeuchtigkeit beträgt fast immer 100 Prozent. Um sich zu kühlen, kann der Mensch durch Schwitzen die Ableitung von Körperwärme erreichen. Durch die Verdunstung des Schweißes entsteht wie bei einem Kühlschrank Kälte. Um sich am Leben zu erhalten, muß der Mensch also schwitzen und aufpassen, daß die Körpertemperatur nicht über 37 Grad steigt bzw. die lebensbedrohenden 43 Grad übersteigt. Durch ihre Entwicklung und Anpassung an die Umwelt haben sich die Pygmäen deshalb durch Kleinwüchsigkeit vor "Überhitzung" geschützt. Kleine Menschen haben nämlich im Verhältnis zu ihrem Körpervolumen (Inhalt) sehr viel mehr Körperaußenfläche und können deshalb bei Hitze (verschärft bei hoher Luftfeuchtigkeit) viel besser Kühlung durch Schwitzen erzeugen als große Menschen.

> (Bitte überprüfe diese Überlegung mit Deiner Mathematik- oder Physiklehrerin. Nimm zwei verschieden große Würfel und berechne jeweils die Oberfläche im Verhältnis zum Volumen und staune. Die Formel dazu lautet: Wird das Volumen eines Körpers vergrößert, vermindert sich das Verhältnis zwischen Fläche und Volumen, oder: je kleiner das Volumen (Inhalt), um so größer die Außenfläche).

## Warum haben manche Menschen eine schmale und andere eine breite Nase?

Auch dies ist eine Anpassungsleistung, schmale Nasen haben dort einen Sinn, wo die Luft sehr kalt ist, damit sie genug Zeit hat, sich auf dem Weg in die Lunge zu erwärmen; ist die Luft dagegen so warm und feucht wie im Urwald, müssen Temperatur und Feuchtigkeit nicht durch den Filter der Nase reguliert werden; breite Nasenflügel sind hier sinnvoll.

## Warum haben manche Menschen eine lange Nase?

Vermutlich haben sich lange Nasen ursprünglich in staubigen Wüstenregionen ausgebildet. Die Nase hilft uns nicht nur, Atemluft zu wärmen oder abzukühlen, durch die Schleimhäute reinigt sie auch die Luft. Du weißt es selber, wenn Dein Finger in der Nase stecken geblieben ist, was Du dort gesucht hast. Menschen mit einem "ordentlichen Zinken" haben in staubiger Landschaft weniger Probleme mit staubiger Luft (in den Lungen).

## Warum haben manche Menschen schmale Augen?

Zwei Anpassungsleistungen können hier genannt werden: Menschen, die andauernd im Schnee leben, tun gut daran, ihre Augen vor (reflektierendem) Sonnenlicht zu schützen. Bergsteiger tragen deshalb besondere Schneebrillen mit einem dünnen Schlitz. Außerdem müssen Menschen ihre Augen vor zu großer Kälte schützen; sie fangen an, die Lider dichter zu schließen. Bergsteiger benötigen eine künstliche Hilfe, Menschen, die schon lange in solchen Regionen leben, haben sich angepasst.

## Warum sind die Indianer rot?

Hast Du schon mal einen echten Indianer gesehen? Sie sind gar nicht rot - es sei denn, jemand hat sie mal wieder angemalt, oder aber sie stammen aus Regionen mit roter Erde und haben sich lange nicht gewaschen. Schau Dir mal die Gegend um den Grand Canyon in den USA an - rote Landschaften mit einer Urbevölkerung, deren Religion ("Mutter Erde") sich eng an die sie umgebende Natur anlehnt. Indianer waren aufgrund des Klimas und der Lebensweise gut gebräunt, aber rote Indianer gab es nur auf dem "Kriegspfad" oder bei religiösen Festen (bei denen sie sich aus Verbundenheit mit der "Mutter Erde" mit ihr einfärbten). Ganz anders sieht dies schon bei Indianern in Kanada aus; diese ähneln in der Hautfarbe viel eher den Inuits.

## Haben Schwarze Rhythmus im Blut?

Manche Rassisten behaupten sogar, dass Deutsche besonders gut denken könnten und dass es "Deutsches Blut" geben soll. Das alles ist der größte Blödsinn und hat eigentlich nur den Zweck, Menschen mit bestimmten Merkmalen (z. B. Hautfarbe, Geschlecht, Paß, Religion usw.) heimlich zu diskriminieren. Wenn "Schwarzen" z. B. zugesprochen wird, besonders musikalisch zu sein, wird heimlich die Absicht begründet, dass sie deshalb in anderen Bereichen nicht so gut entwickelt sind und deshalb z. B. als Politiker, Industrielle usw. nicht erfolgreich sein können. Aus diesen heimlichen Diskriminierungen hat sich in der Vergangenheit immer ein Teufelskreis gebildet, der bestimmten Menschen bestimmte Eigenschaften zu- oder abgesprochen hat, um damit heimlich oder offen Macht über sie ausüben zu können. Auch heute noch versuchen einige verzweifelte Männer sich einzureden, daß z. B. Frauen weniger intelligent als Männer sind und deshalb in die Küche gehören...

## Warum heißen die Kanaker in Grönland Inuit?

Warum haben manche Menschen so hochliegende Wangenknochen? Warum behaupten "Adelige", blaues Blut zu haben? Warum denken so viele Europäer, daß es schon seinen Grund hat, daß sie so reich sind und andere verhungern?

## Warum, warum, warum?
## Wenn Du anfängst, Fragen zu stellen - fängst Du schon an zu verstehen!

Aber Vorsicht, bleib skeptisch, es lohnt sich, den Dingen auf den Grund zu gehen - und nicht jedem alles einfach nur zu glauben, auch uns nicht!

> Bitte überprüfe also Deine und unsere guten Gründe, geh den Dingen auf den Grund, damit Deine Urteile keine Vorurteile werden und als Diskriminierung Menschen schädigen.

(Viele gute und begründbare Antworten gibt das spannende Buch des Genetikers Cavalli-Sforza: "Verschieden und doch gleich", ISBN 3-426-26804-3, aus dem wir viel gelernt haben. Dennoch kritisieren wir einige sozialpolitische Positionen, Empfehlungen und Hintergründe, die Cavalli-Sforza in seinem Buch äußert.)

©SOS-Rassismus-NRW
www.sos-rassismus-nrw.de

Um ein tadelloses Mitglied einer
Schafsherde sein zu können,
muss man vor allem ein Schaf sein.

**Albert Einstein**

# Gute Trainer/innen zur konstruktiven Bearbeitung von Gewalt, Rassismus, Zivilcourage erkenne ich ...

1. in der Herstellung von **Authentizität** und der Identität von Botschaft und Trainer/in;

2. an der Entwicklung und Realisierung von Interventions- und **Methodenrepertoires**, bei denen Mädchen und Jungen, Jugendliche und Erwachsene selber herausfinden können welche Lösungen für sie und andere Sinn machen, um der Ohnmacht, der Einsamkeit, der Orientierungslosigkeit, der Regelverletzung ... und den Ursachen von Gewalt und Rassismus konstruktiv zu begegnen;

3. an der Entwicklung von Wegen der **aktiven Gewaltlosigkeit**, um diese zu beschreiten, auszuprobieren, zu verstetigen und um den Transfer in die Alltagswelt zu erproben und realisieren;

4. durch den **Verzicht auf jede Rechtfertigung** von Gewalt und Rassismus;

5. in der **Selbstverpflichtung**, aktive Gewaltlosigkeit als handlungsleitendes Prinzip im eigenen Alltag und in der beruflichen Praxis andauernd zu reflektieren und zu praktizieren;

6. an der **Offenheit** der Handlungs-, Lösungs- und Trainingsformen, um auf dem Hintergrund der je eigenen Persönlichkeiten vielfältig, wirkungsvoll und nachhaltig wirken zu können;

7. an der **kollegialen Begleitung**, Beratung und Ermutigung, um den „aufrechten Gang" aller beteiligten Kolleg/innen auf Dauer durchzuhalten;

8. an der Mitwirkung in einem Team von Trainer/innen durch Kritik, notwendige **Reibungsprozesse**, Impulse, Kooperation, Emotionen, Wort und Tat.

Shirin Pargas

# Courage – Training
## zur Deeskalation von Gewalt und Rassismus und zur Entwicklung und Stabilisierung von Zivilcourage

Gut gemeinte Appelle, Belehrungen oder Verbote gehen oft ins Leere. Sie bewirken selten die Auflösung von Gewalt in Konflikten oder erzeugen gar Zivilcourage. Das hier vorgestellte Training zur Deeskalation von Gewalt und Rassismus und zur Entwicklung und Stabilisierung von Zivilcourage basiert folgerichtig auf Übungen und Methoden, die nicht die Vermittlung eindeutiger Lösungen versprechen, sondern die Wege zur Zivilcourage eröffnen sollen, die von ihrem Ergebnis her offen sind. Deshalb haben sich Fragen nach attraktiven Lern- und Trainingsschritten in den Vordergrund gedrängt, deren Beantwortung selber immer wieder neue Fragestellungen eröffneten.

Die hier eröffneten Erfahrungs- und Trainingsfelder bieten die Möglichkeit, kritische Alltagserfahrungen gemeinsam neu zu thematisieren, zu kommunizieren und Verständigungsarbeit über die Frage einzuleiten, welche gesellschaftliche Regeln tauglich sind, gelten können und deshalb auch gelten sollen. Damit soll ein konsensfähiges Fundament für die Fragestellung: „Was kann ich tun, um mich selber in Konflikt-, Bedrohungs- und Gewaltsituationen angemessen und couragiert zu verhalten?" geschaffen und erprobt werden. Das Training schließt ab mit der Einübung eigener Solidarität schaffender Handlungs- und Verhaltensmöglichkeiten, um Zivilcourage nicht nur zu denken, sondern als verinnerlichten, zum Handeln drängenden Impuls zu stabilisieren.

# Das Training baut sich in vier Schritten auf:

## A. Gewalt erkennen und beim Namen nennen können
1: Einstieg: Widerstehen können
2: Bahnhofsattacke
3: Erste Gewaltdefinition
4: Auf der Linie
5: Gewalt – Meinungsbarometer
6: Konsensfindungsprozess Gewaltdefinition

## B. Sensibilisieren für körperliche, seelische, verbale, usw. Grenzen, Grenzüberschreitungen und Verletzungen
7: Sensibilisierung für den eigenen Körper
8: Praxis-Transfer: Garten der Düfte
9: Körpergefühl entwickeln – „Nordseewellenreiten"
10: „Blindes" Vertrauen
11: Guten-Tag-Übung
12: Die Glotzer-Übung
13: „Den machen wir fertig!"
14: Mittel zur Gewaltvermeidung
15: „Ugha-Ugha"

## C. Körpersprache ausprobieren und einsetzen
16: Körpersprache: Aufeinander zu bewegen
17: Neutrale Körperhaltung
18: Körpersprache: Selbstsicherheit, Aggressivität. Angst und Unsicherheit
19: Körpersprache und Körpergefühl stärken
20: STOPP-Schrei-Übung
21: Wenn Augen sprechen könnten...

## D. Training zum Verhalten und Handeln in Konflikt-, Bedrohungs- und Gewaltsituationen
22: In der Bahnhofshalle
23: Auf dem Schulhof
24: Zuschauer (Geheimnisse der Gewalt)

**Gewalt und Rassismus fallen nicht vom Himmel** – sie sind nicht plötzlich einfach da oder verschwinden auf unerklärliche Weise wieder. Gewalt und Rassismus sind Kommunikationsmittel, die jedem Menschen zur Verfügung stehen, für – oder gegen – die sich jeder Mensch immer wieder neu entscheiden kann und muss.

**Gewalt als (verletzende, schädigende, zerstörerische) Tat** birgt immer die Frage nach ihrer Rechtfertigung in sich. Jeder Versuch, Gewalt zu legitimieren, wertet andere Menschen ab und leugnet die Gleichwertigkeit und Würde des (anderen, verletzten) Menschen. **Rassismus versucht, die Gewalt zu rechtfertigen** und konstruiert dabei abwertende Merkmale und Eigenschaften, um Menschen scheinbar legitimiert schädigen und verletzen zu können.

Auch **Zivilcourage** ist noch nie vom Himmel gefallen. Obwohl sie prinzipiell jedem Menschen offen steht, ist ihre Anwendung abhängig von der Entscheidung, sie zu praktizieren – oder eben nicht. Diese oft blitzschnelle Entscheidung ist abhängig von dem Wissen, was ich selber will und kann; zu wissen, was in Krisensituationen zu tun ist, und zu wissen, dass man sich in Konflikt-, Bedrohungs- und Gewaltsituationen auf sich selbst verlassen kann.

Menschen besitzen die Fähigkeit zum Denken und zur Antizipation und damit die Möglichkeit, sich trotz starker emotionaler Impulse gegen die eigene Untätigkeit, gegen das Wegschauen, gegen eigene Fluchtreflexe und sogar gegen die eigene Lust auf Gewalt entscheiden zu können. Dies sogar dann, wenn unsere Entscheidung zum aktiven gewaltfreien Eingreifen und zur Intervention mit scheinbaren Nachteilen für uns verbunden ist, den eigenen Interessen widerstrebt oder (zumindest vorläufig) noch entgegensteht.

Antizipation ist die Fähigkeit, Gedanken zu sortieren, diese Gedankenkette zu verändern und nach eigenem Belieben je neu zu ordnen. Der Mensch kann zum Beispiel trotz fast übermächtigem Hunger fasten, weil er den Wunsch, „schön schlank zu sein", als sein handlungsleitendes Interesse vor das Stillen des Hungers gestellt hat.

Alle Erfahrungen zur Entwicklung von Zivilcourage zeigen allerdings, dass diese erlernt, eingeübt und ausprobiert werden muss, damit sie, wenn sie gebraucht wird, auch funktionieren kann.

In unserem (circa zweitägigen) Courage-Training überprüfen wir, begreifend (das hat was mit den Händen zu tun), erfahrend (das hat etwas mit Bewegung zu tun), verstehend (das hat etwas mit Stehen und Standfestigkeit zu tun) wie Gewalt (und ihre scheinbare Legitimation) funktioniert, was wir tun können und könnten, um die Gewaltspirale zu durchbrechen und ob und wie wir den verantwortlichen Umgang mit Gewalt und den Gewaltverzicht (als verhaltensleitendes Motiv) bei uns und anderen verinnerlichen können.

Dabei geht es darum, Gewalt und Rassismus erkennen und beim Namen nennen zu können, Interventionsberechtigung in Konflikt-, Bedrohungs- und Gewaltsituationen zu erwerben, Selbstvertrauen und -sicherheit zu entwickeln, Gewalt wirksam zu deeskalieren und dabei auf erprobte, verinnerlichte Fähigkeiten zurückgreifen zu können, um Zivilcourage erfolgreich, nachhaltig und überprüfbar wirksam werden zu lassen.

Interventionsberechtigung ist die einer Person (heimlich) zugeschriebene Erlaubnis, in einem Konflikt- oder Streitfall regelnd eingreifen zu dürfen. Dabei spielen Fähigkeiten wie: Konflikte konstruktiv bearbeiten zu können, Gewalt beim Namen nennen zu können, klare Sprache, sicheres Auftreten usw. eine wichtige Rolle.

Mit diesem Training liefern wir eine Menge von Impulsen und Übungen, um Gewalt, Rassismus und Zivilcourage zu thematisieren. **Was wir nicht liefern sind Lösungen und fertige Rezepte gegen Gewalt und Menschenverachtung – die gibt es nämlich gar nicht.** Auch sparen wir uns viele didaktische Hinweise, weil wir pädagogisch Verantwortlichen die Entscheidung nicht abnehmen können, welche Übung zu welcher Zeit, in welcher Situation, an welchem Ort, mit welcher Gruppe ausprobiert werden kann.

Pädagogisch Verantwortliche haben für günstige Rahmenbedingungen, eine stimmige Didaktik und ein positives Lernklima zu sorgen. Unser Training haben wir sowohl mit Mädchen und Jungen aller Altersgruppen, mit Jugendlichen, Erwachsenen, Multiplikator/

innen und Profis in der Präventionsarbeit erfolgreich praktiziert. Erfolgreich war und ist es vor allem dann, wenn die in diesem Training vermittelten Botschaften mit dem oder der jeweiligen Botschafter/in identisch ist (Authentizität).

# 1. Schritt: Gewalt erkennen und beim Namen nennen können

### 1: Einstieg: Widerstehen können

Wer Zivilcourage erfolgreich praktizieren will, braucht festen Grund unter den Füßen und eine eigene, solide Position. Wer in Krisensituationen widerstehen will, muss wieder - stehen - lernen, muss widerstehen können, auch dann, wenn der Wind etwas härter ins Gesicht weht. Genau dies probieren wir als Einstieg in diesem Training aus: „... Bitte stellt euch alle im Raum so auf, dass keiner eine/n andere/n berührt; stellt euch fest hin, damit euch auch ein Sturm nicht umblasen kann; versucht, einen guten Stand zu finden, euren besten, probiert es aus, damit ihr nicht gleich umfallt, wenn ich gleich als ‚böser Strolch' vorbei komme und euch provoziere und anrempele." Danach geht die Trainerin/der Trainer durch den Raum und schubst die Teilnehmenden sanft an. Falls jemand zur Gegenwehr greift, lohnen sich schon leichtere herausfordernde Provokationen: „Aha, du packst mich also an (...) du suchst also Streit (...) du willst also was auf die Nase usw."

Fragen zur Reflexion:
- Welche praktisch-technischen Möglichkeiten haben wir, um tatsächlich fest zu stehen: Fußstellung, Körperhaltung?
- Ist es besser, den Körper stramm und starr (wie Beton) zu halten oder empfiehlt sich Beweglichkeit und Flexibilität in den Hüften, Knien, dem ganzen Körper, dem Kopf?
- Wie verhält sich eigentlich die Natur, der Baum, das Gras, wenn der Sturm tobt?
- Können und wollen wir uns überhaupt dem Sturm aussetzen oder wäre die Flucht eine Alternative?
- Wie verhalten sich eigentlich Körper und Geist (Vernunft) in solchen Konflikt- und Bedrohungssituationen zueinander?
- Stimmt mein eigenes Verhalten mit meiner Vernunft überein?

- Verhalte ich mich in Konflikt- und Bedrohungssituationen eher deeskalierend oder eskalierend?

## 2: Bahnhofsattacke

„Stellt euch vor, wir alle hier in diesem Raum wären gar nicht hier, sondern zum Beispiel im Hauptbahnhof von Dortmund. Wir wären Reisende, die auf ihren Zug oder Freund warten, und sitzen, laufen oder stehen irgendwo herum. Ganz plötzlich taucht ein übler Kerl auf, der deutlich zu erkennen gibt, dass heute mit ihm nicht zu spaßen ist. Was kann man in einer solchen Situation machen?"

Stehen Sie als Trainer auf, nehmen Sie einen Schaumstoffschläger oder Ähnliches als optisches Signal und suchen Sie sich einen Teilnehmer für diese Übung aus. Stellen Sie sich mit einem Abstand von circa fünf Meter gegenüber auf und erklären Sie noch einmal, dass sie beide sich jetzt im Hauptbahnhof entgegenkommen und begegnen und der Teilnehmer das Interesse hat, gesund den Hauptausgang oder den Zug zu erreichen.

Wichtig: Sprechen Sie den Teilnehmer noch einmal und unmittelbar direkt an, und stellen Sie klar, dass es sich bei dieser Übung nur um ein Spiel handelt, dass Sie selber – selbst, wenn es hart auf hart kommt – nicht zuschlagen würden – ebenso wie ihr Gegenüber – und dass Sie beide laut „Stopp" rufen und die Übungen abbrechen werden, wenn die Situation gewalttätig werden oder eskalieren sollte.

Die anderen Teilnehmer werden aufgefordert, sehr aufmerksam zu beobachten, was hier passiert. Es kann sein, dass alles sehr schnell geht, dass wie in einem Kurzfilm oder Blitzlicht die Gewalt sichtbar wird und eskaliert und anschließend kaum einer gemerkt hat, was wirklich passiert ist. Danach geht der Trainer auf den Teilnehmer zu, versperrt ihm mit seinem Körper den Weg, stoppt ihn und überfällt ihn mit einem leicht provozierenden Redeschwall: „He, Alter, wie spät ist es denn, was siehst du denn so fertig aus, wo willste denn hin, bleib doch mal eben stehen, haste mal nen Euro." Dabei fasst der Trainer (Angreifer) den Teilnehmer nicht an, sondern „baggert" den Teilnehmer vielmehr mit dem Bauch und (sanfteren) Schulterbewegungen in die dem Ausgang gegenüberliegende Ecke. Nach einigen ergebnislosen Protesten verschafft sich der verdatterte Teilnehmer in der Regel Respekt, indem er den Angreifer anfasst, aus dem Weg drückt oder sogar mit den Händen wegzuschubsen versucht. Genau dies ist der Zeitpunkt, um laut „Stopp" zu rufen, die Übung abzubrechen und darauf hinzuweisen, dass nun unter Umständen der erste Schlag durch den Angreifer erfolgt wäre.

Frage an alle:

- Was ist hier eigentlich passiert?
- Wie hat der Passant auf den Konflikt reagiert?
- Waren Eskalationsstufen zu erkennen?
- Wer hat hier eigentlich wen bedroht ,wer hat wen zuerst angepackt, und wie würde zum Beispiel ein Richter nachher reagieren?

Hinweis: In aller Regel (aber eben nicht immer) „klappt" diese Übung, weil die „angegriffene" Person zu früh selber die Eskalationsschraube anzieht und den Angreifer anfasst – und damit genau jene Schwelle überschreitet, die dieser provoziert hat, um danach „sein Spiel" machen zu können.

Bei dieser Übung und an dieser Stelle geht es noch nicht um konkrete Lösungsmöglichkeiten, sondern eher um ein „Aha-Erlebnis" der Teilnehmer. Es geht um eine neu zu entwickelnde Optik, die beginnt, mögliche Verhaltens- und Handlungsspielräume in normalen Alltagssituationen und in Konflikt- und Bedrohungssituation sichtbar zu machen. In unserem Training werden wir einige solcher Eskalationsphasen ausprobieren, beobachten, analysieren und zur Sprache bringen. Diese Übung ist eine Übung aus der Schlussphase des Trainings und soll dort die Frage eröffnen, was ich denn machen kann, wenn ich in einen solchen Konflikt, in eine Bedrohungs- oder Gewaltsituation komme. Unser gemeinsames Training ist ein Weg zu vielfältigen Antworten auf die Frage: Was kann ich tun, um mir selber oder anderen in Konflikt-, Bedrohungs- und Gewaltsituationen zu helfen.

### 3: Erste Gewaltdefinitionen

„Bitte formuliert schon jetzt eine erste Definition zur Gewalt. Bitte versucht (kurz, knackig, prägnant), das Wesen der Gewalt (woran erkenne ich Gewalt) in max. zwei bis drei Sätzen schriftlich auf einer kleinen Karte zu definieren." (Material: Kärtchen und Stifte)
Die Definitionen werden nicht vorgestellt, sie dienen einzig und allein den Teilnehmenden

zur Kontrolle über die eigene Entwicklung während des Trainings. Erst nach dem Seminar soll diese Arbeitskarte wieder hervorgeholt werden, um zu überprüfen, ob und was sich durch das Training verändert hat. „Bitte versteckt diese Karte deshalb dort in der Hosen- oder Jackentasche, wo sie am allertiefsten ist."

## 4: Auf der Linie
Auf dem Boden wird mit einem Tau (oder Tesakrepp) eine (lange) Linie markiert, auf die sich alle Teilnehmer mit beiden Füßen stellen. Aufgabe ist es nun, sich zum Beispiel nach dem Vornamen alphabetisch zu sortieren. Anne ganz an den Anfang und Zlatko ans Ende. Die Teilnehmer dürfen jedoch beim Sortieren die Linie nicht verlassen, d.h. mindestens ein Fuß muss immer auf der Linie stehen. Bis alles korrekt steht, sind alle in die Situation gekommen, sich auf der Linie zu begegnen, um aneinander vorbei zu kommen. Die Teilnehmer müssen miteinander kommunizieren, um die Reihenfolge der Namen, (Alter, Größe usw.) herauszukriegen. Beim Seilakt wird spielerisch Kontakt aufgenommen, die Konzentration auf die Aufgabe lenkt von möglichen Ängste ab.

Auswertungsfragen:
·     Wer gibt Regeln vor?
·     Wie regelt sich der Konflikt?

## 5: Gewalt – Meinungsbarometer
Der Meinungsbarometer zum Gewaltbegriff ist in hohem Maße geeignet aufzuzeigen, dass in unserer Gesellschaft nur noch ein mangelhafter und bruchstückhafter Konsens zu so wichtigen Themen wie Gewalt besteht. Viele Menschen haben begonnen, nach eigenem Gutdünken, zentrale Begriffe und Inhalte umzudeuten, um ihnen eine je eigene, willkürliche, neue Bedeutung zu geben. Vergessen worden ist dabei offensichtlich, dass Menschen sich immer wieder miteinander verständigen (verstehen) müssen, um auf Dauer in Frieden leben zu können. Die eigenmächtige Neudefinition von Begriffen und Worten wird auf Dauer, wenn Verständigungsarbeit scheitert, die Machtfrage stellen und den Machtmissbrauch fördern, um das eigene Verständnis von dem Sinn und der Bedeutung von Begriffen durchzusetzen.

| Gewalt | Keine Gewalt | Ein Vater, der dem Kind wegen schlechten Benehmens einen Klaps gibt. | Eine Mutter, die ihr Kind vor einem LKW von der Straße reißt und ihm dabei sehr weh tut. | Ein Rettungsschwimmer, der einen Ertrinkenden an den Haaren aus dem Wasser zieht. | Eine türkische Frau mit einem Kopftuch. |
|---|---|---|---|---|---|
| Stauffenberg, weil er Adolf Hitler töten wollte. | Ein Vater, der nie zu Haus ist. | Der Direktor einer Firma, die ihren Giftmüll in Entwicklungsländer schickt. | Ein Skater mit 30 km/h in der Fußgängerzone. | Ein Profiboxer. | Ein Metzger, der ein Kälbchen zu Wurst und Kälberbraten verarbeitet. |
| Ein 58-jähriger Lehrer, der Jugendliche nicht mehr ertragen kann. | Ein Mann, der seine Freundin überreden möchte, mit ihm zu schlafen, obgleich sie schon **NEIN** gesagt hat. | Ein Porschefahrer mit 215 km/h auf der Autobahn. | Ein Lehrer, der seine Schüler als dämlich bezeichnet. | Ein Politiker, der Flüchtlinge Asylschmarotzer nennt. | Eine Prostituierte. |
| Ein Mädchen, das ihrem Freund einen Knutschfleck macht. | Ein Junge, der sich die Fingernägel abbeißt. | Ein Arbeitsloser, der "schwarz" arbeitet. | Ein Obdachloser, der eine Bank ausräumt. | Ein Vater, der seine Pornofilme vor seinem Sohn versteckt. | Ein Arzt (Chirurg), der wegen Blinddarmentzündung den Bauch aufschneidet. |
| Ein Berber nimmt (klaut) sich wegen Hunger im Supermarkt ein Brot mit. | Ein Tierfreund, der die Fensterscheibe von einem Pelzgeschäft einschlägt. | Ein Polizist nimmt dir wegen Falschparken 20 Mark ab. | Schumi, weil er seine Steuern nicht in Deutschland zahlt. | Ein Polizist mit einem Gummiknüppel. | Rambofilme. |
| Ein Nachbar versteckt Flüchtlinge vor der Polizei. | Ein 14-jähriger, der raucht. | Ein Autofahrer mit Blitzstart an einer Ampel. | Ein Berufssoldat. | Ein "Freier" im Bordell. | Denk' dir selber weitere Rollen aus! |

Hinweis: Diese Übung soll weniger zur Harmonie der Teilnehmenden beitragen als vielmehr einen massiven Konflikt offen legen: den Konflikt nämlich, dass sie sich über die Zuordnung, Anwendung und Bedeutung eines so zentralen Begriffs wie Gewalt nicht einigen können. Dieser Konflikt kann und sollte während der Übung sogar durch den Trainer noch eskaliert werden. Gerade weil das möglichst einvernehmliche Verständnis von Gewalt (als das älteste aller Mittel zur Bearbeitung von Konflikten) zu den Fundamenten jeder zivilen Gesellschaft gehört, macht es Sinn, diesen Konflikt nicht zu früh zur Ruhe kommen zu lassen.

Im Raum werden zwei große Blätter mit der Aufschrift „Gewalt" und „Keine Gewalt" circa sechs Meter auseinander auf den Boden gelegt. Damit werden zwei gegensätzliche Pole markiert. Zwischen diesen beiden Polen befindet sich eine (gedachte) Lebenslinie, auf der jeder Teilnehmer die ihm (später) zugewiesene Rolle markieren soll. Dies geschieht, indem zwischen „Gewalt" und „Keine Gewalt", die je eigene Rollenbeschreibung (vgl. Kopiervorlage: Gewalt – Keine Gewalt) abgelegt wird. Wenn dieser erste Schritt getan ist, beginnt der zweite: Diese Übung ist erst beendet, wenn jede Teilnehmerin/ jeder Teilnehmer mit allen abgelegten Rollenmarkierungen einverstanden ist. Dazu hat jede und jeder das Recht, die Rollenbeschreibungen zu verlegen, die entstandene Reihenfolge zu verändern, solange, bis alle einverstanden sind.
Bei dieser Übung gibt es keine Regel außer einer: „Platz nehmen (oder den Raum verlassen) darf man erst wieder, wenn damit erklärt wird, dass die nunmehr vorhandene Reihenfolge der beschriebenen ‚Gewalt (-handlungen)' in Ordnung ist."

Danach liest der Trainer/die Trainerin jede Rollenanweisung deutlich vor (damit schon mal alle einen Überblick über die Vielfalt erhalten) und verteilt die schriftlichen Rollenanweisungen an die Teilnehmenden. Während der nun einsetzenden Auseinandersetzung kann der Trainer mit provozierenden Anfragen durchaus mitmischen, er sollte jedoch die exakte Platzierung einer jeweiligen Rollenbeschreibung den Teilnehmern überlassen. Spätestens nach circa 15 min. sollte diese Übung abgebrochen werden.

Auswertungsfragen:
·    Wie kommt es eigentlich, dass eine so homogene Gruppe, wie die hier versammelte, sich nicht einigen kann?

- Ist es denn möglich, dass hier jede/r seine eigene, private Gewaltdefinition mit sich herumträgt, praktiziert und sich entsprechend verhält?
- Gibt es „gute" und „schlechte" Gewalt? Ist bei dieser Übung Gewalt ausgeübt worden?
- Wäre es möglich (wer traut sich?) zum Beispiel mit einer roten Kordel eine Markierung vorzunehmen, die exakt „Gewalt" von „Keine Gewalt" trennt?

## 6: Konsensfindungsprozess Gewaltdefinition

„Jede Teilnehmerin/jeder Teilnehmer sucht sich bitte einen anderen, eher vertrauteren Partner oder vertraute Partnerin mit dem Auftrag aus, gemeinsam eine Definition von Gewalt zu entwickeln. Euer gemeinsames Ergebnis sollte aber nicht länger als drei Sätze sein; am besten wäre es sogar, wenn eure gemeinsame Definition nur aus einem Satz oder gar aus drei bis fünf Worten besteht. Ihr habt für diese Aufgabe circa drei Minuten Zeit. Danach sucht ihr euch jeweils eine andere (schon fröhlich schauende) Gruppe aus, legt eure Definitionen nebeneinander und entwickelt aus beiden eine gemeinsame neue. Für diese Einigung stehen euch circa vier Minuten Zeit zur Verfügung. Wenn ihr (zu viert) fertig seid, sucht euch eine andere (fertige) Vierergruppe und entwickelt bitte zu acht eine gemeinsam gültige Definition. Insgesamt habt ihr für diese drei Konsensfindungsprozesse circa zwölf Minuten Zeit. Danach hört ihr auf, wir treffen uns dann hier im Raum wieder und hören uns an, ob die dann bestehenden Achtergruppen sich (ohne es zu wissen) in Bezug auf eine Definition von Gewalt einander angenähert haben."

In dem folgenden Schritt werden die einzelnen Gruppen gebeten, jeweils ihr Ergebnis (ohne jede weitere Erklärung oder Kommentar) vorzutragen. Der Trainer/die Trainerin sammelt unter der Überschrift „Gewalt" strikt (nur) alle benannten Verben und notiert sie (verdeckt oder offen) untereinander auf einer Wandtafel. Zur besseren Veranschaulichung kann hier folgendes Beispiel der genannten Verben vorgestellt werden:

Gewalt: beeinträchtigt, überschreitet Grenzen, belästigt, beleidigt (fügt Leid zu), zerstört, tötet, tut weh, macht kaputt, kränkt, verletzt, ärgert, benachteiligt, schädigt, eskaliert, verhindert ...

Es ist nun sinnvoll, dass der Trainer/die Trainer diesen Handlungsschritt erklärt und begründet: „Mit der strikten Suche nach Verben ist der Versuch einer ‚didaktischen Reduktion‘ eines komplexen Vorganges zur Präzisierung des Wesens von Gewalt vorgenommen worden. Dabei habt ihr die Worte herausgefunden - ich habe an jede vorgetragene Definition die Frage gestellt: Was tut die Gewalt (in dieser Definition) und dabei strikt die von euch dazu genannten Verben notiert. Was nunmehr hier an der Tafel unter der Überschrift ‚Gewalt‘ notiert ist, erscheint mir als eine für uns alle (zumindest vorläufige) konsensfähige Definition. Jeder von uns ist mit einem oder einigen wesentlichen Verben vertreten (und kann diese Definition offensichtlich auch begründen). Und dennoch, gerade als Orientierung in schnellen Krisensituationen ist mir eure Definition noch zu lang, einige Begriffe wiederholen sich, einige sind etwas unscharf, manche sehr endgültig. Am Beispiel ‚tötet‘ lässt sich ganz gut erkennen, dass dieses Verb zwar nicht falsch ist – aber allein auch nicht zur Definition von Gewalt ausreicht. Schon lange vor einer Tötung kann viel Gewalt passieren (und als Gewalt beim Namen genannt werden) und nicht jede Gewalttat muss zum Tode führen.“

Von daher macht es Sinn, die einzelnen Verben noch einmal vorzulesen, zu betonen, möglicherweise zu reflektieren und auf ihre umgangssprachliche Bedeutung einzugehen. Einige Begriffe sind deshalb unscharf, weil sie erst in einem bestimmten Zusammenhang und in Verbindung mit einem weiteren Verb (zum Beispiel schädigt, verletzt usw.) den Zusammenhang zur Gewalt herstellen.

Beispiele dafür: Die Geburt eines Kindes beeinträchtigt in der Regel (zum Beispiel in der Folge) die Nachtruhe der Eltern, muss oder kann deswegen aber noch nicht zwingend als Gewalttat bezeichnet werden – sie könnte es, wenn zum Beispiel das Geschrei des Kindes ergänzend als „nervtötend“ bezeichnet wird. An diesem Beispiel wird durchaus der wichtige Faktor „subjektives Empfinden“ von Gewalt deutlich: Was von dem/der einen als Gewalttat empfunden wird (schreiendes, nervtötendes Kind), kann von einer/m anderen auch als exaktes Gegenteil angesehen werden. Im Rahmen des deutsch-französischen Jugendaustausches findet Grenzüberschreitung statt – niemand würde dies in einem Zusammenhang zur Gewalt sehen, ganz im Gegenteil. Grenzüberschreitung muss also in einen Zusammenhang von Verletzen, Schädigen, Zerstören usw. gebracht werden, um als Gewalttat benannt werden zu können. Gerade von Jugendlichen werden häufig bei solchen präzisierenden Definitionsversuchen sehr persönliche Erfahrungen geäußert wie zum Beispiel: anmachen, klauen, schlagen, beschimpfen usw. Auch hier lohnt es sich, den verletzenden oder schädigenden Aspekt deutlicher zu benennen, weil „Anmache" erst ab einem gewissen Grad als Verletzung empfunden wird. Hier lohnt es sich durchaus, diesen „gewissen Grad" (anpacken, anglotzen usw.) zu thematisieren, weil zum Beispiel „Schlagen" als der freundlich-kollegiale, sanftere Schlag auf die Schulter kaum als Gewalttat bezeichnet wird, sondern erst dann, wenn ...

„Bitte versucht nun, aus den hier aufgelisteten Eigenschaften der Gewalt ein oder maximal zwei Verben auszuwählen, die eurer Meinung nach zutreffend und umfassend Gewalt charakterisieren."

Die Teilnehmer rufen nun nach kurzem Nachdenken die von ihnen ausgewählten Verben, der Trainer/die Trainerin markiert das jeweilige Verb mit einem Strich (am Rande des jeweiligen Verbs). Durch die Häufung der einzelnen Striche kann nun eine Rangordnung erkannt und entsprechend eine neue und präzisere Definition entwickelt werden (zum Beispiel: „Gewalt tut weh, verletzt, zerstört, schädigt und beleidigt.") Im Verlauf des Trainings kann und sollte diese (den Menschen ebenso wie die Natur und die Umwelt betreffende) Definition immer wieder als Messlatte bei auftretenden Unsicherheiten eingesetzt und thematisiert werden.

### Hintergrundinformationen:

*Gewalt tut weh. Gewalt verletzt und zerstört. Gewalt liegt immer dann vor, wenn Menschen (Tiere oder die Natur) gezielt oder fahrlässig physisch (körperlich) oder psychisch (seelisch) geschädigt werden. Gewalt ist immer an Macht geknüpft. Dazu gehört auch der Bereich der strukturellen Gewalt, also Ordnungssysteme und ökonomische Prinzipien (zum Beispiel Arbeitslosigkeit, ungerechte Gesetze, Obdachlosigkeit, Armut usw.), die materielle, soziale und ideelle menschliche Entwicklungen beeinträchtigen oder verhindern.*

*Aggression: Mit Aggression (lateinisch, aggredi = herangehen, heranschreiten) ist jedes Verhalten gemeint, das im Wesentlichen das Gegenteil von Passivität (Untätigkeit) und Zurückhaltung (Lethargie) darstellt. Aggression ist eine dem Menschen innewohnende (lebensnotwendige) Eigenschaft und Energie. In der Vergangenheit wurde der Begriff Aggression häufig gleichgesetzt mit Gewalt, Zerstörung oder Verletzung. So wurde Aggression einerseits zum Beispiel als Ausdruck eines gewalttätig-zerstörerischen Triebes (zum Beispiel Sigmund Freud / Konrad Lorenz) gedacht, andererseits als Folge von Frustrationen (zum Beispiel Dollard u.a.) oder als soziale Lernerfahrung (Lerntheorie) beschrieben. Heute nimmt der unterscheidende Gebrauch des Begriffes Aggression als aktives Verhalten und Handeln und des Begriffes Gewalt als zerstörendes und verletzendes Mittel zu. So gehört zur Aggression durchaus der Streit, die Auseinandersetzung, der Konflikt, ebenso wie die Liebe, die Zärtlichkeit, eben alles, was den Menschen aktiv werden lässt. Aggression ist somit zuerst einmal die Kennzeichnung für handlungsbezogene Energien. Mangelnde Aggression drückt sich beim Menschen in Passivität bis hin zur Trägheit, Gleichgültigkeit und Teilnahmslosigkeit aus. Heute geht es vor allem um den Umgang (Steuerung) der uns innewohnenden Aggressionen (und Energien). Vor allem Kinder und Jugendliche beklagen sich immer häufiger, dass sie ihre Aggressionen (zum Beispiel durch Mangel an Bewegungsfreiräumen) nicht mehr ausleben können. Die Unterdrückung von Aggressionsenergien (zum Beispiel durch Arbeitslosigkeit, fehlenden Raum für Jugendliche, mangelnde Action, Langeweile, zu kleinen Wohnungen und Armut) führt leicht zu eigenen Kontrollverlusten und damit oft zum Rückgriff auf Gewalt, um Aggressionen überhaupt noch ausleben zu können.*

## 2. Schritt: Sensibilisieren für körperliche, seelische, verbale, usw. Grenzen, Grenzüberschreitungen und Verletzungen

### 7: Sensibilisierung für den eigenen Körper

Diese Übung eignet sich besonders gut, um Grenzen und Grenzüberschreitungen in Bezug auf Körperkontakte sichtbar zu machen. Sie hat ihren didaktischen Platz insbesondere im Zusammenhang mit Trainingsschritten und Übungen, die unangenehme Körperkontakte signalisieren sollen oder zum Inhalt haben. Diese Übung und die nachfolgenden Transfer-Spiele haben zum Ziel, durch Selbst- und Fremdwahrnehmung Respekt vor der Körperlichkeit von Männern und Frauen zu entwickeln, der besonderen Sensibilität von Männern und Frauen für ihre je eigenen Körperzonen nachzuspüren und insbesondere die Tabuzonen von Männern und Frauen (in ganz normalen Alltagssituationen) zu thematisieren und beim Namen zu benennen.

Schritt 1:
Die Teilnehmer/innen bewerten (je weiblich/männlich) ihre eigenen Körperzonen auf einem vorliegenden Arbeitsblatt (vgl. Kopiervorlage; Körperzonen).

Schritt 2:

a. Jeweils die männlichen Teilnehmer nehmen getrennt von den weiblichen Teilnehmerinnen eine Gesamtauswertung vor. Dabei ist es sinnvoll, je einen Teilnehmenden um die Regie in der Gruppe zu bitten. Das Sammeln und Addieren aller Einzelnoten und Teilen durch die Anzahl der Teilnehmer/Teilnehmerinnen ergibt die neue Gesamtnote für die jeweilige Körperzone.

b. Der Vergleich und die Beratung der weiblichen und männlichen Noten ist alleine schon spannend. Denkbar ist dabei auch die Berechnung der jeweiligen Gesamtnote aller weiblichen und männlichen Teilnehmenden je Körperzone.

Oftmals werden nun im Verlauf des Trainings bei körperlichen Kontakten die vorhandenen Bewertungen und Noten spaßvoll-spielerisch zur Sprache gebracht. Im Anschluss an diese Übung sollte unbedingt eine Spielphase folgen, in der die oben genannten Erfahrungen reflektiert und spielerisch ausprobiert werden können.

## 8: Praxis–Transfer – Garten der Düfte

In vielen Läden erhält man heute Fläschchen mit Duftstoffkonzentraten. Empfehlenswert für diese Übung sind zum Beispiel je ein Fläschchen mit Banane, Zitrone oder Apfelgeruch. Außerdem benötigt man für jede Teilnehmerin/jeden Teilnehmer einen Bierdeckel (oder einen kleinen Pappstreifen) und eine Augenbinde. Musik im Hintergrund, zuweilen etwas lauter, macht Sinn, weil die Teilnehmenden sich zwar ohne Sprache, nämlich still und blind verständigen sollen, aber sich meistens nicht dran halten. Außerdem eignet sich bei diesem Spiel der Einsatz eines Schaumstoffschlägers oder Ähnliches ganz gut, damit der Trainer/die Trainerin als „Sittenwächter/in" für „Recht und Ordnung" sorgt. Für dieses Spiel bereiten Sie für jeden Teilnehmenden einen Bierdeckel vor, teilen die Bierdeckel in drei Haufen und betropfen jeden Haufen mit je einem Duftstoff. Danach bitten Sie die Teilnehmerinnen und Teilnehmer, sich in einem großen Kreis aufzustellen und die Augen zu verbinden. Aufgabe der Spieler/innen ist es, blind, still und ohne ein Wort zu sagen mindestens zwei Partner/innen mit demselben Geruch (also je Banane, Zitrone oder Apfel) zu riechen und festzuhalten. Die wichtigste Regel bei diesem Spiel ist es aber, ohne Verletzung der Tabuzonen: Po, Brust und Geschlechtsteile den Körperkontakt zu den eigenen Duftpartner/innen herzustellen.

Anmerkung: Manchmal protestieren bei dieser Übung einige Leute (in der Regel Männer) und behaupten, „dass dies blöd sei, mit den Geschlechtsteilen – da würde doch nie kein vernünftiger Mensch so einfach hinpacken!" Die gesellschaftliche Realität und die Hintergrundberichte über sexuellen Missbrauch und Übergriffe sprechen allerdings eine ganz andere Sprache. Der oftmals zu hörende Verweis, dass es sich bei den oben genannten Tabuzonen und dem Respekt davor „doch um eine eigentliche Selbstverständlichkeit" handelt, ist so richtig wie er falsch ist. Die Verweigerung der Thematisierung ist ein untaugliches Mittel, um der Differenziertheit kindlicher und jugendlicher Biografien und ihren Erfahrungen mit (auch sexueller) Gewalt gerecht zu werden. Deutlicher kann dies in solchen Diskussionen oft werden, wenn Sie sich direkt an die teilnehmenden Frauen mit der Frage wenden: „Stimmt es eigentlich, dass der Respekt von Männern gegenüber den Tabuzonen der Frau eine Selbstverständlichkeit ist?"

Und dann verbinden sich die Teilnehmer die Augen, der Trainer/die Trainerin verteilt der Reihe herum und abwechselnd die duftenden Bierdeckel und schon kann es losgehen. Die Teilnehmer bewegen sich blind umher, beriechen sich, die Hintergrundmusik überdeckt kaum die um sich greifende Fröhlichkeit und das Lachen der Leute, und hin und wieder verteilt der Trainer/die Trainerin einen sanften Stups mit der Bemerkung: „Finger von der Brust..." usw.

### 9: Körpergefühl entwickeln - Nordseewellenreiten
Alle Mitspieler/innen legen sich nebeneinander auf den Boden (wie Ölsardinen). Auf Kommando drehen sich alle gleichzeitig nach rechts (oder links). Die/der jeweils letzte der Reihe legt sich quer auf die Mitspieler/innen (= Nordseewellen) und wird so nach vorne transportiert. Dort angekommen, reiht sie/er sich in die Welle ein. Das ganze auf einer leicht abschüssigen Wiese.

### 10: „Blindes" Vertrauen
Die Teilnehmer teilen sich in Paare auf. Der/die eine schließt die Augen und lässt sich vom anderen an der Hand in Kurven und eventuell über Hindernisse, die dem „Blinden" genau beschrieben werden, durch den Raum führen. (Weitere Varianten: nur der Zeigefinger berührt den Finger des/der anderen und alles geschieht ohne Sprache; oder beide verbindet nur ein Tau; lustig wird es, wenn zum Beispiel ein Blindenführer eine/n

Blinde/n nur mit Sprache und ohne Körperkontakt nach draußen führen muss; der/die Blinde soll zum Beispiel ein Stein, einen Grashalm etc. suchen, aufheben, mitbringen und im Seminarraum auf einem Teller ablegen.)

In den folgenden Übungen geht es darum, über Aha-Erlebnisse und eigener Betroffenheit den Blick auf alltägliche und den Teilnehmern nicht unbekannte Formen psychischer (seelischer), physischer (körperlicher) und struktureller (ungerechte Ordnungssysteme, Prinzipien, Gesetze) Gewalt zu lenken, um diese Formen zu erkennen, zu differenzieren und beim Namen nennen zu können.

Wenngleich „Betroffenheits-Pädagogik" nicht zu Unrecht in die Kritik geraten ist, weil noch zu oft geglaubt wird, allein über Betroffenheit Immunisierung und Verhaltens-korrektur erreichen zu können, können wir dennoch darauf nicht verzichten. Selber betroffen oder beteiligt zu sein, hat in der Tat den Effekt und birgt in sich die Chance, scheinbar bisher eher belanglose Zusammenhänge mit neuen (nämlich den eigenen, weit geöffneten) Augen zu sehen. Oft (aber eben nicht automatisch) entwickeln sich aus „Betroffenheit" Gefühle der Solidarität, des Widerstandes, der Wut usw. Diese Gefühle zuzulassen, zu thematisieren und für einen konstruktiven Lösungsweg zu entwickeln, ist Aufgabe der Reflexionsphase.

### 11: Guten Tag-Übung
Alle Teilnehmer laufen im Raum durcheinander und begrüßen sich herzlich, erkundigen sich nach dem woher, dem Wohl und Wehe und drücken ihr freundliches Gefühl mitein-ander aus. Nur ein Teilnehmer/eine Teilnehmerin nicht; diese/r (wurde vorher, als die Regeln des Spiels vereinbart wurden, hinausgeschickt) wird von allen „geschnitten", er/sie ist quasi Luft und existiert nicht.

Hinweis: Diese Übung sollte mehrmals mit unterschiedlichen „Außenseiter/innen" stattfin-den.
Auswertungsfragen:
·    Wie haben sich die Außenseiter/innen beziehungsweise die Teilnehmer gefühlt?
·    War Gewalt im Spiel?

- Was tat weh?
- Hat diese Verletzung einen Namen?

## 12: Die Glotzer-Übung

Alle Teilnehmerinnen und Teilnehmer sitzen oder stehen im großen Kreis, nur eine/r nicht; der/die kommt herein und wird von allen stumm angestarrt, beobachtet – bis es brenzlig zu werden droht (wenn die Stimmung ernsthaft genug ist).

Auswertungsfragen:
- Welche Gefühle entwickeln sich bei dem/der Angestarrten?
- War Gewalt im Spiel?

## 13: „Den machen wir fertig"

Bei dieser Übung geht es darum, „hinter dem Rücken" einer Teilnehmerin/eines Teilnehmers über diese/n zu reden. Ein Freiwilliger beziehungsweise eine Freiwillige wird vor die Tür geschickt (ohne genau zu wissen, was gleich passiert), die anderen Teilnehmer stellen sich in einem Kreis auf. Aufgabe ist es, wenn das „Opfer" hereingekommen ist, im Kreis hinter dem Opfer vorbeizulaufen und jeweils an das Opfer eine eher niederträchtige Frage zu stellen: „Wie siehst du denn heute aus? (...) Wo hast du denn diese Hose her? (...) Hast du dich eigentlich in dieser Woche schon gewaschen?" Stellen Sie das „Opfer" bitte so auf, dass er/sie keinen Blickkontakt zu den anderen Teilnehmern hat und am besten einen bestimmten Punkt an der Wand fixiert.

Hinweis: Als Trainer sollten Sie bei dieser Übung in unmittelbarer Nähe des „Opfers" stehen bleiben. Sie können zwar als erste losgehen, um den „Reigen" zu beginnen, sollten dann aber das „Opfer" im Auge behalten, um die Übung sofort abzubrechen, wenn es zu hart wird. Warnung: Viele ältere Pädagog/innen lehnen diese Übung erfahrungsgemäß und manchmal mit der Begründung ab, dass diese viel zu hart ist. Bedenken Sie in der Tat, dass Sie hier in Bezug auf das „Maß der Dinge" didaktische Verantwortung tragen. Gleichwohl erscheint heute die Alltagsrealität junger Menschen um ein mehrfaches härter als diese Übung.

Erfahrungen mit dieser Übung haben gezeigt, dass häufig Teilnehmer in der „Täter/

innen"-Rolle nach einiger Zeit diese Übung mit der Bemerkung abbrechen, dass sie das miese Gefühl als „Täter/in" nicht mehr ertragen wollen. Neben der Wahrnehmung von verbaler und psychischer Gewalt gehört die gefühlsmäßige „Immunisierung" gegen die eigene Gewaltakzeptanz und die oft heimliche Komplizenschaft mit der Gewalt (... Ich hätte nicht gedacht, dass das so schlimm ist ...) zu diesem Training.

## 14: Mittel zur Gewalt-Vermeidung

Jede/r hat schon Gewalt erlebt, und jede/r kennt aus eigenen Erfahrungen Möglichkeiten und Mittel, bessere und schlechtere, um mit Gewalttätigkeiten umzugehen und um Streit oder Gewaltsituationen zu entschärfen. Wir haben schon während der Definitionsphase (vgl. M 3) Eigenschaften der Gewalt beim Namen genannt. Was jetzt interessiert ist:

„Welche Eigenschaften kennen wir eigentlich, die Gewalt verhindern, nicht entstehen lassen oder deeskalieren können? Was sind eigentlich die besten Mittel gegen Gewalt? Um recht schnell viele unterschiedliche Mittel herauszufinden, möchte ich mit euch eine kleine Übung machen; die geht so: Wenn ich euch gleich darum bitte, haltet ihr euch kurz, etwa für zehn Sekunden, die Augen zu, konzentriert euch auf euch selber und die Frage, die ich euch dann stelle. Bitte denkt nur sehr kurz nach und wartet auf eure allererste Antwort. Dieses Verfahren nennt sich Brainstorming (Problemlösungsverfahren durch Sammlung spontaner Lösungsvorschläge in einer Gruppe) und wird oft von Künstler/innen angewandt, um kreativ neue Ideen zu entwickeln. Eure Aufgabe ist es aufzupassen, welche erste Antwort euer Gehirn, euer Unterbewusstsein, Gedächtnis, oder was auch immer, euch zurückmeldet. Auf diese allererste Meldung bin ich gespannt. Nach diesem Brainstorming bitte ich euch, einmal im Kreis der Reihe herum sofort diesen einen allerersten Begriff (ohne weitere Kommentare) zu nennen.

Und dann findet das Brainstorming statt; die Frage lautet:
„Was – glaubst du – ist das beste Mittel, über das eigentlich jeder Mensch verfügt, damit Gewalt erst gar nicht entsteht?"

Die genannten „Mittel", Eigenschaften oder Verhaltensweisen sollten auf einem Plakat an der Wand gesammelt werden und während des Seminars hängen bleiben. Beispiele dafür sind häufig Begriffe wie: Vertrauen, Liebe, Sprache, Selbstbewusstsein, Stärke, sicheres Auftreten, Respekt, Anerkennung ... meistens häufen sich einige Begriffe. Schön wäre es, diese Sammlung im Verlauf des Trainings weiterzuführen und auf einem Transparent zu veröffentlichen. Als Trainer kann man die nun vorhandene Sammlung noch einmal mit dem Hinweis bestätigen, dass die Qualität der nun vorliegenden Aussagen deshalb von hohem Rang ist, weil im Rahmen eines Brainstormings kaum jemand die Zeit und damit die Chance hatte zu lügen (oder etwas zu sagen, weil er/sie zum Beispiel hoffte, dass dies erwartete „richtige Antwort" sei). Die genannten Begriffe signalisieren in aller Regel ein hohes Maß von Friedfertigkeit. Zur Vertiefung könnte nun eine Berichtsphase einsetzen, in der die Teilnehmer sich in Kleingruppen erzählen, welche Erfahrungen sie mit ihrem „Mittel" gemacht haben. Dabei sollen sie einen dieser Berichte auswählen, um diesen dann später im Plenum vorzustellen.

Hinweis: Manchmal äußern sich an dieser Stelle Teilnehmer, um (oft verschlüsselt) über eigene Gewalterfahrungen als Opfer zu berichten. Es empfiehlt sich, sehr sorgsam mit solchen Berichten umzugehen, da während eines Trainings individuelle Opfererfahrungen kaum aufgearbeitet werden können. Von daher sollte hier unter Umständen auch ein/e Moderator/in eingreifen, um über ein eher persönliches Gespräch (professionelle) Hilfe zu suchen. Die Trainingsgruppe wird in aller Regel nicht die richtige Gruppe zur Aufarbeitung von individuellen Misshandlungs-, Ohnmachts- und Gewalterfahrungen sein.

Zur weiteren Vertiefung können nun Spielphasen eingebaut werden, um die Tragweite und Wichtigkeit der oben genannten Mittel zu eröffnen. Dazu ein Beispiel zur Thematisierung von Sprache:

## 15: „Ugha-Uhga"
Spielanweisung:
„Bei diesem Spiel versetzen wir uns zurück in die Urgeschichte der Menschheit, damals, als die Menschen anfingen, die ersten Worte zu formulieren, um miteinander ins Gespräch zu kommen. Wir wissen, angesichts der vielen tausend Worte, die wir heute in unseren Wörterbüchern finden, dass der Mensch einmal ganz einfach mit einem allerersten Wort angefangen hat: ‚Ugha'. Danach hatte er sich etwas Zeit gelassen und nicht gleich ein zweites Wort erfunden, nein – er hat dieses Wort verdoppelt und wenn ich zu

euch ‚Ugha-Ugha' sage, weiß jeder, was ich damit sagen will. Bei diesem Spiel geht es darum, herauszufinden, warum die Menschen damals, obwohl sie wirklich nur sehr wenig Worte hatten, sich nicht gegenseitig tot geschlagen haben. Vermutlich war es so, dass die Menschen auch schon in der Urzeit, mit nur einem Wort neben all dem Streit und Ärger, den sie bestimmt auch hatten, ganz gut überleben konnten. Wir werden jetzt für einen Moment in die Urzeit zurückkehren und herauszufinden versuchen, ob wir nur mit diesem einen Wort ‚Ugha' wichtige Botschaften austauschen können."

Aus diesem Grund suchen sich nun die Teilnehmer je einen eher vertrauten Partner und verständigen sich, wer im Raum bleibt. Die andere Person verlässt den Raum. In der Zwischenzeit verteilt der Trainer auf einem Tisch Gummibärchen oder Ähnliches. Dann sucht der Trainer die Gruppe im Raum auf und erklärt ihnen ihre Aufgabe: Aufgabe für die Teilnehmer der ersten Gruppe ist es, nachdem die/der jeweilige Partner/in den Raum wieder betreten hat, diese/n dazu zu bewegen, sich beide Schuhe oder einen Schuh und einen Strumpf auszuziehen. Während der Kommunikation darf nur das Wort „Ugha" verwendet werden. Alles andere wie Gestik, Mimik usw. ist erlaubt. Die zweite Gruppe erhält den Auftrag, den jeweiligen Partner dazu zu bewegen, von dem vorbereiteten Tisch einen der Kekse in den Mund gesteckt zu bekommen. Auf gar keinen Fall darf der/die andere Teilnehmer den Keks selber essen!

## 3. Schritt: Körpersprache ausprobieren und einsetzen

### 16: Körpersprache: Aufeinander zu bewegen
Der Trainer/die Trainerin bittet die Teilnehmer, sich zu zweit zusammenzufinden. Die Paare sollen sich gegenüber, in einiger Entfernung, aufstellen. Nun werden die Teilnehmer gebeten, langsam aufeinander zuzugehen, bis die persönliche Grenze des Angenehmen erreicht ist und dies dem Gegenüber mit einem Signal oder Stopp-Ruf deutlich zu machen.

Auswertungsfragen:
- · Wie nah darf mir ein Fremder kommen?
- · Ab wann wird es mir unangenehm?
- · Warum darf er nicht näher kommen?

Diese Fragen zielen darauf ab, dass jeder Mensch einen persönlichen Schutzraum oder Aura braucht und besitzt.

## 17: Neutrale Köperhaltung

Der Trainer/die Trainerin stellt sich in die Raummitte mit einer überzogenen unnatürlichen Körperhaltung. Die Teilnehmer werden gebeten, die „Marionette" (d.h. den Trainer) so auszurichten, dass er bequem stehen kann und keine Bedrohung von ihm ausgeht. Die Auflösung der Übung ist eine eher beckenbreite Fußhaltung, Knie leicht gebeugt, Hände und Arme seitlich der Hosennaht, Kopf geradeaus gerichtet. In dieser Haltung wirkt ein Mensch weder ängstlich noch aggressiv.

Hinweis: Diese Übung macht besonders Jugendlichen Spaß, da sie den Trainer/die Trainerin auf „nette" Weise quälen können. Allerdings macht es Sinn, den manchmal merkwürdigen Anweisungen zu folgen, da die Jugendlichen häufig ihr Spiegelbild in dem Trainer/der Trainerin sehen. Im Alltag fühlen sich häufig Personen bedroht und kennen nicht den Grund dafür. Diese Übung soll verdeutlichen, dass Körpersprache sehr viel mit Gewalt zu tun hat, aber auch deeskalierend wirken kann.

## 18: Körpersprache: Selbstsicherheit, Aggressivität, Angst und Unsicherheit

Während dieser Übung durchquert ein Teilnehmer den Raum, währenddessen er von den anderen Teilnehmern beobachtet wird. Aufgabe ist es, zunächst nur mit Hilfe des Körpers Selbstsicherheit, Aggressivität, Angst und Unsicherheit zu signalisieren. Anschließend tauschen die Teilnehmer die Rolle. Nachdem ausschließlich mit dem Körper Selbstsicherheit, Aggressivität und Unsicherheit signalisiert wurden, werden danach nur noch mit der Mimik Signale gegeben. Wichtig ist, dass den Teilnehmern und Teilnehmerinnen vorher nicht gesagt wird, welchen Eindruck sie wiedergeben sollen; die anderen sollen es erraten. Die Teilnehmer sollen erleben, wie einfach, wichtig und sinnvoll es sein kann, bewusst den Körper oder die Mimik einzusetzen. Durch die Rückmeldungen gibt es unverzüglich Antworten, ob die gewünschten Signale eindeutig waren.

## 19: Körpersprache und Körpergefühl stärken

Die nun folgenden circa ein- bis dreistündigen Übungen basieren darauf, dass Menschen in Gewalt-, Bedrohungs- und Konfliktsituationen nicht genügend Zeit zur ausführlichen Einschätzung ihrer Verhaltensmöglichkeiten haben (um dann die vermutlich erfolgreichste auszuwählen und anzuwenden), sondern auf verinnerlichte Körpersprache, auf Ahnungen und Intuition zurückgreifen. Von daher macht es Sinn, in Ruhe die Wirkungen des eigenen Verhaltens und die der anderen zu studieren und wahrzunehmen. Dies betrifft vor allem die eigenen Verhaltensrepertoires in Konfliktsituationen. Je mehr erfolgreiche Situationen ich schon erlebt, überstanden und reflektiert habe, um so größer ist mein verinnerlichtes Verhaltensrepertoire.

Obwohl wir uns in einer Laborsituation befinden, besteht die Chance, für sich selber erfolgreiche Verhaltensmuster zu erkennen, herauszufiltern, auszuprobieren und im (Unter-) Bewusstsein zu speichern.

Die Teilnehmer werden gebeten, jeweils Paare zu bilden, die sich möglichst schon kennen und gut leiden können. Dann stellen sie sich in einem größeren Raum, im Abstand von circa fünf Meter voneinander auf. Dabei bilden alle Teilnehmerinnen und Teilnehmer zwei sich gegenüber stehende Reihen. Die Leute auf der einen Seite werden nun zu „Angreifer/innen" erklärt, die anderen zu sich wehrenden „Opfern" (vgl. auch Kopiervorlage: Zehn Ratschläge zum Verhalten in Bedrohungssituationen).

Die „Angreifer/innen" sollen nun eine völlig normale Haltung einnehmen, um später auf ihr Opfer zuzugehen. Die „Opfer" sollen sich stabil aufstellen und während der ganzen Übung stehen bleiben, damit Sie bei dem nun zu erwartenden Angriff (es kommt nicht zu Körperkontakten!) nicht „einknicken".

„Bitte überlegt euch eine Geste, mit der ihr nicht nur kurzfristig eine/n mögliche/n Angreifer/in stoppen könnt, sondern sogar noch deeskalierend wirkt! Achtet darauf, dass in solchen Situationen euer Körper, eure Hand euren Interessen dient (und nicht aus Versehen das Gegenteil bewirkt)! Bitte markiert jetzt, vor eurem geistigen Auge, auf dem Boden, zwischen euch und dem Angreifer einen Punkt, bei dem ihr gleich, wenn der Angreifer kommt, euer Signal gebt und den Angreifer stoppt."

Zu den Angreifer/innen gewandt:

„Bitte stellt euch entspannt auf, nehmt die Hände auf den Rücken, dies ist eine Übung, es geht nicht um einen tatsächlichen Angriff, es kommt zu keinem Körperkontakt, selbst wenn ihr kein Signal empfangt, bleibt ihr etwa 30 Zentimeter vor eurem ‚Opfer' stehen. Gleich, wenn ich euch das Zeichen gebe, geht bitte langsam auf euer ‚Opfer' zu, und wenn ihr das entsprechende Signal empfangt, bleibt bitte stehen. Ich beende dann die Übung und ihr habt Zeit, euch gegenseitig auszutauschen."

An alle gewandt: „So die Übung kann gleich beginnen. Weil es sich dabei auch um eine Konzentrationsübung handelt, bitte ich euch strikt, auf meine Signale zu achten. Diese lauten: 1. Ruhe bitte, 2. Bitte konzentriert euch jetzt 3. Und los geht es, bitte langsam und leise."

Der Trainer/die Trainerin gibt die entsprechenden Signale und die Angreifer bewegen sich auf ihre „Opfer" zu; werden durch diese gestoppt – und nachdem der letzte Angreifer beziehungsweise die letzte Angreiferin ihr Ziel erreicht hat, bedankt sich der Trainer: „Danke, danke, das hat ja gut geklappt, bitte tauscht euch kurz aus und überlegt wie gut die Geste/das Signal mit der Hand gewirkt hat." Danach macht es Sinn, dass die Teilnehmer wiederum ihre Ausgangsposition (in gegenüberstehenden Reihen) einnehmen und der Trainer beziehungsweise die Trainerin die „Opfer" bittet, noch einmal die verwandte Geste zu wiederholen und für einige Zeit stehen zu lassen. Danach wird versucht, gemeinsam mit allen Teilnehmern die möglichen Wirkungen der einzelnen Gesten zu deuten.

Hinweis: Die Trainerin/der Trainer darf nicht bewertend eingreifen, die Teilnehmer müssen selbst herausfinden, was gut oder schlecht für sie ist. Allerdings sollte bei gewalthaltigen Verhaltensäußerungen der sich selbst Behauptenden immer wieder die Frage gestellt werden, ob hier möglicherweise schon Gewalt intendiert (beabsichtigt) wurde und was möglicherweise der folgende Schritt (Eskalation) des/der Angreifer/in dann sein würde.

Diese Übung wird nun mehrfach (je Seite) gewechselt und variiert. Dabei geht es zuerst um die Hände, die Füße und Beine, den Kopf, den Körper (ohne Hände), das Gesicht, die

Stimme ..., später um die Kombination einzelner Körperteile und danach erst um die Körperhaltung insgesamt. Wichtig ist, dass möglichst nacheinander unterschiedliche Körperteile und -haltungen ausprobiert werden. Diese Übung basiert auch darauf, dass die Teilnehmer voneinander lernen und durch Ausprobieren und Reflektieren mit der Zeit immer couragierter auftreten.

## 20: STOPP-Schrei-Übung

Bei dieser kurzen Übung stehen die Teilnehmer im Kreis und beginnen mit einer Atemübung: „Was passiert eigentlich, wenn ich schreien will und vorher tief ausatme (...) wir werden das einmal ausprobieren. Bitte atmet gleich ganz tief ein, danach ganz tief aus und dann, auf mein Zeichen hin brüllen wir dieses eine Wort „Stopp" gemeinsam in die Mitte des Kreises." Danach gibt der Trainer/die Trainerin mit Sprache und Handbewegungen das Zeichen zum Einatmen, Ausatmen, und dann rufen die Teilnehmer: „STOPP."

Eine Variation der Übung kann wie folgt angeleitet werden: „Na ja, nicht schlecht, jetzt probieren wir es einmal genau umgekehrt. Wir atmen zuerst tief aus, dann feste ein, so feste, dass fast die Lunge platzt und dann brüllen wir gemeinsam ‚Stopp'."

Danach gibt der Trainer/die Trainerin erneut mit Sprache und Handbewegungen das Zeichen zum Ausatmen, Einatmen, und dann brüllen die Teilnehmenden erneut: „STOPP."

## 21: Wenn Augen sprechen könnten ...

In einer zweiten Phase werden nun bei den „Angreifer/innen und Opfern" die (Wahrnehmungs-) Sinne „reduziert". Sowohl die Angreifer/innen als auch deren Gegenüber sollen möglichst jede körperliche Äußerung vermeiden und nur noch mit den Augen Kontakt aufnehmen. Die „Angreifer/innen" sollen sich ganz langsam auf die jeweiligen Partner zu bewegen und auf ein Signal zum „stehen bleiben" konzentrieren und reagieren (also stehen bleiben). Die Partner/innen konzentrieren sich auf ihre „Angreifer/innen" und versuchen, sie an einer ganz bestimmten Stelle zum Stehen zu bringen. Wichtig ist, der Kontakt und die Kommunikation soll nur noch über die Augen stattfinden. Auch die Wimpern bewegen, zwinkern usw. sollte unterbleiben. Diese Übung sollte mehrmals stattfinden.

# 4. Schritt: Training zum Verhalten und Handeln in Konflikt-, Bedrohungs- und Gewaltsituationen

Wichtig ist bei den nun stattfindenden Übungen, mit leichteren Übungsvarianten zu beginnen. Erfahrungsgemäß ist die Hemmschwelle der Teilnehmer, sich zu öffnen, zu Beginn dieser Trainingsphase noch sehr hoch, sie trauen sich nur sehr zögerlich. Also Mut zu- und direkt ansprechen! Manchmal lohnt es sich, ohne große Vorrede zu beginnen und eine/n (eher robusten Teilnehmer) direkt in das Spiel und die „Anmache" zu verwickeln – nach dieser Phase und einer Reflexionsphase können die Übungen vertieft werden.

## 22: In der Bahnhofshalle

Alle Teilnehmer und Teilnehmerinnen befinden sich (im Raum) in der „Bahnhofshalle". Plötzlich taucht eine Clique von „Randalierern" (zwei oder drei Leute, „bewaffnet" zum Beispiel mit Encounter-bats/Schaumstoffschlägern) auf. Jede/r soll nun einmal durch diese Gruppe, die sich in der Mitte des Raumes „bedrohlich" postiert hat, hindurchlaufen und über die Sprache, Mimik und Körpersprache deutlich signalisieren: „Mit mir nicht!" Mit der Zeit werden die „Randalierer" weniger zaghaft, sie beginnen, einzelne Passant/innen „anzubaggern". Immer wenn es Stress gibt (weil die Passanten sich möglicherweise zu helfen wissen), brechen sie ihre „Anmache" ab und suchen sich ein neues Opfer. Je nach Spannung und Stimmung kann diese Übung länger dauern (zum Beispiel indem jede/r einzeln angebaggert wird).

Nach jeder Übung sollte eine Reflexionsphase folgen.
· Was wurde beobachtet?
· Gab es etwas Besonderes?
· Was für Gefühle waren spürbar?
· Hatten bestimmte Verhaltensweisen und eigene Stimmungen oder Gefühle Auswirkungen auf die entsprechende Konfliktsituation?
· Gab es eine Strategie?
· Hat jemand eine neue oder andere Idee?

Als Trainer sollten Sie sich mit gut gemeinten Ratschlägen und Rezepten zurückzuhalten, da dies zu schnell und zu leicht als Hinweis für „richtiges Verhalten" bewertet wird. Bei diesen Übungen gibt es nur sehr eingeschränkte Kriterien für falsch und richtig. Wichtig bleibt allein, was die Teilnehmer für sich selber als günstig, gut, geeignet oder ungünstig, schlecht, ungeeignet herausfinden, formulieren und ausprobieren!

## Zehn Ratschläge
## zum Verhalten und Handeln in Bedrohungs- und Gewaltsituationen

### Wenn jemand bedroht oder angegriffen wird:

**Vorbereiten!**
Bereite dich auf mögliche Bedrohungssituationen seelisch vor: Spiele Situationen für dich allein und im Gespräch mit anderen durch. Werde dir grundsätzlich klar darüber, zu welchem persönlichen Risiko du bereit bist. Es ist besser, sofort die Polizei zu alarmieren und Hilfe herbeizuholen als sich nicht für oder gegen das Eingreifen entscheiden zu können und gar nichts zu tun.

**Ruhig bleiben!**
Panik und Hektik vermeiden und möglichst keine hastigen Bewegungen machen, die reflexartige Reaktionen herausfordern könnten. Wenn ich „in mir ruhe", bin ich kreativer in meinen Handlungen und wirke meist auch auf andere Beteiligte beruhigend!

**Aktiv werden!**
Wichtig ist, sich von der Angst nicht lähmen zu lassen. Eine Kleinigkeit zu tun ist besser, als über große Heldentaten nachzudenken. Wenn du Zeuge/in von Gewalt bist: Zeig, dass du bereit bist, gemäß deinen Möglichkeiten einzugreifen. Ein einziger Schritt, ein kurzes Ansprechen, jede Aktion verändert die Situation und kann andere dazu anregen, ihrerseits einzugreifen.

**Geh aus der dir zugewiesenen Opferrolle!**
Wenn du angegriffen wirst: Flehe nicht und verhalte dich nicht unterwürfig. Sei dir über deine Prioritäten im klaren und zeige deutlich, was du willst. Ergreife die Initiative, um die Situation in deinem Sinne zu prägen: Schreib dein eigenes Drehbuch!

## Halte den Kontakt zum/r Angreifer/in!

Stelle Blickkontakt her und versuche, Kommunikation herzustellen beziehungsweise aufrechtzuerhalten.

## Reden und zuhören!

Teile das Offensichtliche mit, sprich ruhig, laut und deutlich. Hör zu, was dein/e Gegner/in beziehungsweise Angreifer/in sagt. Aus seinen/ihren Antworten kannst du deine nächsten Schritte ableiten.

## Nicht drohen oder beleidigen!

Mach keine geringschätzigen Äußerungen über den/die Angreifer/in. Versuche nicht, ihn/sie einzuschüchtern, ihm/ihr zu drohen oder Angst zu machen. Kritisiere das Verhalten, aber werte ihn/sie persönlich nicht ab.
(Klar in der Sprache – mäßigend im Ton).

## Hole dir Hilfe!

Sprich nicht eine anonyme Masse an, sondern einzelne Personen. Dies gilt sowohl für Opfer als auch für Zuschauer/innen. Sie sind bereit zu helfen, wenn jemand anderes den ersten Schritt macht oder sie persönlich angesprochen werden.

## Tu das Unerwartete!

Fall aus der Rolle, sei kreativ und nutz den Überraschungseffekt zu deinem Vorteil aus.

## Vermeide möglichst jeden Körperkontakt!

Wenn du jemandem zu Hilfe kommst, vermeide es möglichst, den/die Angreifer/in anzufassen, es sei denn, ihr seid in der Überzahl, so dass ihr jemanden beruhigend festhalten könnt. Körperkontakt ist in der Regel eine Grenzüberschreitung, die zu weiterer Gewalt führen kann. Wenn nötig, nimm lieber direkten Kontakt zum Opfer auf.

Aktives gewaltfreies Verhalten ist erlernbar. Indem wir uns unsere Ängste und Handlungsgrenzen bewusst machen, erfahren wir gleichzeitig auch mehr über den Bereich, der zwischen diesen Grenzen liegt. Oft unterschätzen wir die Vielfalt unserer Möglichkeiten. In Rollenspielen und konkreten Übungen zum Umfang mit direkter Gewalt können wir neue kreative Antworten auf Konfliktsituationen entdecken. Trainingsprogramme zur Gewalt- und Rassismusdeeskalation bieten uns die Chance, bisher ungewohntes Verhalten auszuprobieren, einzuüben und auf seine Wirkungen hin zu überprüfen.

## 23: Auf dem Schulhof

Eine Schlägerei auf dem Schulhof. Zwei Schüler prügeln sich, 20 andere glotzen und bilden einen Ring. Du intervenierst von außen... aber wie?

Arbeitsfragen:
- Welches Verhalten erscheint/ist erfolgreich?
- Welche Wirkungen haben Drohungen, Verbote, Strafen?
- Verlagert sich der Konflikt durch die Intervention auf den Schulweg, auf später oder müssen andere „Schwächere" dran glauben?
- Wie verhält sich, aus euren Beobachtungen heraus, beaufsichtigendes Personal, zum Beispiel in der Schule bei sichtbaren Konflikten, Bedrohungen, Gewalttätigkeiten?
- Wann und wie schreiten sie ein – was passiert dann?
- Gibt es Mediation, Konfliktbearbeitung, Streitschlichter/innen - oder wird versucht, alles „unter den Teppich zu kehren" - findet Auseinandersetzung statt?
- Ist es denkbar, mit Kindern und Jugendlichen über Regeln zu diskutieren, wie man, wenn schon denn schon, einen Kampf fair und mit Grenzen führt?
- Welche Regeln gelten zur Zeit? Welche wären gerade noch akzeptabel?
- Gibt es harmlose Raufereien?

## 24: Zuschauer (Geheimnisse der Gewalt)

Zwei Teilnehmer schlagen sich mit Schaumstoffschlägern die Hucke voll (Regeln: nicht ins Gesicht und in die Genitalien).

Vor Beginn dieser Übung werden sie allerdings aus dem Raum geschickt. Mit den anderen wird folgende Absprache getroffen: Alle bilden um die zwei „Schläger" einen festen Kreis, der aus zwei „Fangruppen" besteht: Die eine Hälfte der Teilnehmer hält zu dem einen „Schläger" zum Beispiel Alex, die anderen zum anderen, zum Beispiel Edda. Wichtig ist nun, dass alle „Zuschauer" auf die Signale des Trainers aufpassen und reagieren: Wenn der Kampf losgeht, unterstützt (durch Anfeuerungsrufe) jede Gruppe ihren „Schläger". Nach circa zehn Sekunden gibt der Trainer/die Trainerin (im Hintergrund für die Teilnehmer sichtbar) das Signal für einen Stimmungswechsel: Circa fünf Sekunden unterstützen nun alle (beiden Gruppen) nur den Alex; danach circa fünf Sekunden nur die Edda; danach herrscht circa fünf Sekunden absolute Ruhe und danach werden die beiden „Schläger" wieder heftig, so als wäre nichts gewesen, von ihrer jeweiligen Fangruppe angefeuert.

Fragen an die „Schläger":
· Was ist passiert?
· Welche Wirkungen hatte das Verhalten der Zuschauer/innen – wie schätzen diese ihre Wirkung ein?
· Wer steuert eigentlich Schlägereien; die Gewalttäter/innen oder die Zuschauer/innen?
· Wie verhält es sich in der Realität?

Nachdem sie nun eine Reihe von Bedrohungs- und Gewaltsituationen erprobt haben (und alle Teilnehmerinnen und Teilnehmer sich mindestens einmal erfolgreich selbst behauptet haben), kann es nun Zeit sein, dass jetzt auch von den Teilnehmer/innen benannte und selbst erlebte Situationen „durchgespielt" und reflektiert werden. Bewerten Sie als Trainer/in nie die Lösungsversuche, sondern lassen Sie die Teilnehmenden den Wert oder Sinn des eigenen Verhaltens einschätzen!

Ob eine Verhaltens- oder Handlungsmöglichkeit richtig ist oder nicht, hat immer mit der jeweiligen Situation, der aktuellen „Stimmung", den besonderen Umständen des Ortes, der handelnden Person usw. zu tun. Stärkung erfahren Menschen in Trainings vor allem durch den von ihnen geschaffenen (lokalen wie sozialen) Raum, die Zeit und die Atmosphäre, um einzeln und gemeinsam, ihre Möglichkeiten zu (er)finden, zu erproben und zu reflektieren.

*Aufgabe von Trainings zur Deeskalation von Gewalt*
*und zur Förderung von Zivilcourage ist es,*
*sich mit Kindern, Jugendlichen und Erwachsenen zu verständigen,*
*um herauszufinden, zu begreifen, zu erfahren, zu verstehen, auszuprobieren,*
*was Sinn macht,*
*gut oder schlecht für mich oder andere ist, Wert hat, als Regel taugt*
*und deshalb für alle gelten kann und soll.*

# Woher die Zebras kommen ...

Mit der Zunahme rechtsextremistischer und rassistischer Gewalt und gewalttätiger Übergriffe in Deutschland und Europa haben sich Mitte der 1980er Jahre unterschiedlichste Initiativen (NGO's*) getroffen, um gemeinsame Netzwerke zu entwickeln und um der Gewalt und dem Rassismus in Europa das Wasser abzugraben.

Damals wurden erste gemeinsame Initiativen wie **„Dem Hass keine Chance"** oder **„Mach meinen Kumpel nicht an"** initiiert und sichtbar. Diese Initiativen verblassten allerdings schnell angesichts der dramatisch um sich greifenden, gewalttätigen Pogrome und Übergriffe Anfang der 90er Jahre. Deutlich wurde damals, dass Gewalt und Rassismus kein Problem an den Rändern unserer Gesellschaft ist, sondern seine Wurzeln „in der Mitte der Gesellschaft" hat und auch dort bearbeitet werden muss.

Immer deutlicher war geworden, dass Beileidsbekundungen, Betroffenheit, plakative Entrüstung, Fassadenmalerei oder Appelle, die uns selber zu „Anständigen" und die anderen zu Unanständigen erklären nur wenig verändern können. Vielfach haben wir darüber hinaus feststellen müssen, dass oft die Gewalt und der Rassismus anderer angeprangert wurden, eigene Gewaltanteile und Rassismen aber unter den Teppich gekehrt, verheimlicht oder vertuscht wurden.

Deshalb wurde verstärkt nach Handlungs- und Verhaltensmöglichkeiten und nach Strategien gesucht, die auf Dauer angelegt sind, alle Menschen ansprechen können, klar in der Sprache und mäßigend im Ton Gewalt und Rassismus thematisieren, und langsam aber schrittweise den Abbau von Gewalt und Rassismus befördern.

Anfang der 90er Jahre gab es ein zweites Treffen vieler Initiativen zum Thema Gewalt und Rassismus mit dem Ziel, Netzwerke von Initiativen (SOS-Rassismus-NRW / Aktion Courage usw.) zu entwickeln und mit einem gemeinsamen Logo zu versehen.

Auf das **Zebra als sympathisches Logo*** sind wir damals durch die Idee und den Vorschlag der Kinderclique „Ruhrkanaker" (Menschen aus dem Ruhrgebiet) gekommen. Die hatten nämlich folgendes herausgefunden:

Die auffällige Streifenzeichnung ist für Zebras entscheidend über Leben und Tod. Der „größte" Feind der Zebras ist (einmal vom Menschen abgesehen) nämlich nicht der Löwe oder gar ein Nashorn, sondern die Tsetsefliege. Das Zebramuster schützt die Zebras vor der tödlichen Nagana - Seuche, die durch die Tsetsefliege übertragen wird. Der britische Zoologe Jeffrey Waage fand heraus, dass sich im Facettenauge der Insekten die Umrisse von Zebras (der Streifen wegen) auflösen. Die Fliege kann das Zebra nicht erkennen und findet es, wenn überhaupt, nur durch Zufall. Daher macht sie sich auch lieber an andere Opfer heran.

Erstaunlich ist in diesem Zusammenhang, dass die Zebras in einem langen Anpassungsprozeß je nach Region (und dem Vorhandensein von Tsetsefliegen) erst die Intensität ihrer Streifenzeichnung ausgeprägt haben. So gibt es fast schwarz-weiße Zebras (dort wo es viele Tsetsefliegen gibt) ebenso wie eher grau gemusterte (in trockeneren Regionen). Zebrafohlen prägen sich übrigens als Erkennungsmerkmal das Muster der Mutter (jedes Zebra hat ein anderes Muster) ein, um sie wieder zu finden. Ein blindes Zebrafohlen oder eines ohne diese „Prägung" läuft allem hinterher, was größer ist als es selbst, sogar einem Löwen.

Diese Recherche und die Idee, Zebrastreifen (als Sinnbild für Schwarz-Weiß-Malerei, für oben und unten, für Machtmissbrauch und Verantwortung usw.) zum Logo zu machen, haben uns so gut gefallen, dass auf Worte Taten folgten. Außerdem fanden wir gut, durch ein einfaches schwarz-weißes Logo auf teure, farbige Druckbögen bei der Herstellung von Veröffentlichungen verzichten zu können.

In der Folge kam es zu vielfältigen neuen Initiativen in Deutschland und darüber hinaus, die das Zebra als eigenes Logo aufgegriffen haben und bis heute verwenden.

**Wer heute das (heimliche) Zebra Logo zeigt**, macht u.a. damit deutlich:

* Ich fang in Sachen Gewalt und Rassismus bei mir selber an und verändere mein Handeln,
                mein Verhalten und meine Sprache.
* Ich mach den Mund auf gegen rassistische Äußerungen.
* Ich schütze Menschen vor Bedrohung und helfe jenen, die sich der Gewalt und
                dem Rassismus in den Weg stellen.
* Ich hole Hilfe bei Angriffen und Anfeindungen.
* Ich beteilige mich an Initiativen, um Gewalttätern und Rassisten zu zeigen,
                dass sie zur Rechenschaft gezogen werden.
* Ich gebe mich durch das (geheime) Zebrazeichen zu erkennen und helfe jenen,
                die bei Konflikten aktiv werden (z.B. indem ich Hilfe hole usw.).

**Warum wir in einem Atemzug von „Gewalt und Rassismus" sprechen?**

**Gewalt** als (verletzende, schädigende, zerstörerische) Tat birgt immer die Frage nach ihrer Rechtfertigung in sich. Jeder Versuch, Gewalt zu legitimieren, wertet andere Menschen ab und leugnet die Gleichwertigkeit und Würde des (anderen, verletzten) Menschen.
**Rassismus** versucht, die Gewalt zu rechtfertigen und konstruiert dabei abwertende Merkmale und Eigenschaften, um Menschen scheinbar legitimiert schädigen und verletzen zu können.

* NGO = Non Government Organisation / Nicht Regierungs-Organisation
* Hinweis: Das Zebra Logo (Courage - Dreieck) ist rechtlich geschützt und gehört SOS-Rassismus-NRW. Gruppen, die dieses Logo verwenden wollen, erhalten nach Rücksprache in der Regel von SOS-Rassismus-NRW die Erlaubnis dazu. Natürlich kann sich aber jede Gruppe selber ein eigenes neues Zebra – Logo entwerfen und danach nutzen.

COURAGE

# Wer Courage hat, soll es zeigen!

**Was ich, du und wir im Alltag gegen Gewalt und Rassismus tun können**

Gewalt und rassistische Übergriffe finden tagtäglich in der Schule, am Arbeitsplatz, auf der Straße, in der Bahn, in der Kneipe usw. statt. Viele Menschen reagieren verunsichert und schauen oder hören einfach weg. Sie merken kaum, dass sie damit selbst ein Klima von Gewalt fördern und verstärken.

Zum Umgang mit Gewalt und Rassismus liegen heute viele positive Erfahrungen vor, die zeigen können, wie Gewalttäter/innen und Rassist/innen in die Schranken gewiesen werden können. Sie zeigen was du und ich tun können, damit Gewalt und Rassismus erst gar nicht entsteht.

Weil Gewalttäter/innen und Rassist/innen es überhaupt nicht mögen, wenn sie und ihre Taten und Sprüche in die Öffentlichkeit gebracht werden, macht es Sinn, sie öffentlich zur Rede zu stellen und zur Rechenschaft zu ziehen. Oft versuchen sie uns lachend, mit ihren blöden Sprüchen und erniedrigenden Witzen, auf ihre Seite zu ziehen; meistens vertrauen sie darauf, dass ihnen keiner widerspricht oder wir ihnen keinen Widerstand entgegensetzt.

**Einige grundsätzliche Gedanken:**
Verwende keine Abwehrwaffen oder -geräte. Alle bisherigen Erfahrungen deuten darauf hin, dass die damit von dir ausgehenden Signale die Wut und die Gewalt der Angreifer/innen verstärken oder sogar scheinbar legitimieren. Außerdem wirst du nie sicher sein können, dass sich deine Waffe nicht plötzlich gegen dich selber richtet. Als Alternative gibt es Signalgeräte wie z.B. Trillerpfeifen oder kleine Alarmgeräte: Damit kannst du Aufmerksamkeit und Öffentlichkeit herstellen und Täter/innen für eine erste Schrecksekunde stoppen. Auch einfache (billige) Photoapparate (mit Blitzlicht) haben aus sicherer Entfernung eine erhebliche Störwirkung. Gewalttäter/innen schrecken oft von ihrem Vorhaben zurück, wenn sie Angst haben müssen, wiedererkannt zu werden.

Es gibt keine „richtigen" Rezepte, Tips oder Verhaltensregeln. Jede Situation ist zuerst einmal abhängig von dir selber und deinen Fähigkeiten. Wir empfehlen dir die Teilnahme an einem Gewalt- oder Rassismus- Deeskalationstraining*. Dort lernst du deine Möglichkeiten und Fähigkeiten (dir selber oder anderen zu helfen) zu entwickeln, sie selbstsicher und wirkungsvoller einzusetzen.

**Was du tun kannst:**

**In der Öffentlichkeit:**
Mach den Mund auf, wenn du Zeuge von rassistischen Beschimpfungen und erniedrigenden Witzen wirst. Widerspreche laut und deutlich.
Laß nicht zu, dass im Gespräch über Ausländer/innen oder Flüchtlinge eine verhetzende Sprache gebraucht wird.
Weise darauf hin, dass niemand ohne Not seine Heimat verlässt und die Fluchtursachen sehr vielfältig sind.
Laßt Leute aus Zuwandererfamilien und Flüchtlinge zu Wort kommen und schafft Gelegenheiten, in denen Deutsche und solche Leute sich begegnen und verständigen können.
Wende dich mit Leserbriefen gegen rassistische Aktionen und diskriminierende Berichterstattungen in der Zeitung. Setz dich in solchen Briefen für ein Zusammenleben der Bevölkerung ein.
Fordere die Abgeordneten deines Wahlkreises auf, sich eindeutig gegen Gewalt und Rassismus zu wenden. Politiker/innen haben Vorbildfunktion.
Wende dich an die Medien, wenn diese eine Sprache oder Bilder  verwenden, die Diskriminierung fördern, erzeugen oder billigen.
Nimm die Ängste und Probleme, die Menschen in deiner Nähe mit „Ausländer/innen" haben, ernst und respektiere sie. Greife die Ängste und Probleme auf und versuche, sie mit Sachargumenten zu entkräften. Jemand, der Angst, Bedenken oder Probleme hat, ist noch lange kein Rassist.
Stelle Strafanzeige bei der Polizei, wenn du mitbekommst, dass in deiner Umgebung rechtsextremistische Lieder, Computerspiele, Zeitschriften, Propaganda usw. kursieren. Informiere über deine Beobachtungen die verantwortlichen Parteien und Politiker/innen in deiner Stadt und frage nach, was sie unternehmen werden.

## Bei Schlägereien:

Wenn Kinder, Jugendliche oder Erwachsene sich schlagen, schlage Alarm, mache Krach, stelle Öffentlichkeit (aus sicherer Entfernung) her. Mache andere auf die Schlägerei aufmerksam und schicke sie los, um Hilfe oder die Polizei zu holen.

Gewalttäter/innen haben Angst, wiedererkannt und zur Rechenschaft gezogen zu werden. Also sprich sie direkt an (wenn Du einen Namen gehört hast) oder benenne deutliche Wiedererkennungsmerkmale: „Du mit der Stirnglatze, wir kennen dich, hör auf ... wir haben schon die Polizei angerufen ...“

Viele Kinder und Jugendlichen behaupten, zur Rede gestellt, „alles wäre nur ein Spaß“ gewesen. Sie werden schnell nachdenklich, wenn du die vorausgegangene „Gewalt“ beim Namen nennen kannst: „Dann lass mal deinen Arm sehen, den roten Fleck (die blutende Lippe, das blaue Auge, die zerrissene Hose usw.), nennst du das einen Spaß? Ich nenne das Körperverletzung ... (und schon bist du in der Offensive).

## In der Bahn, im Bus:

In der Bahn, im Bus usw. wird jemand angegriffen, erniedrigt, verletzt. Die Mitfahrenden sind schockiert oder eingeschüchtert, sie wissen nicht, wie sie sich verhalten sollen. Folgendes kannst du tun:

Du kannst den/die Fahrer/in auffordern, die Polizei zu rufen. Er/sie ist verpflichtet, dies zu tun. Sonst kann er/sie wegen unterlassener Hilfeleistung belangt werden.

Wenn du nicht direkt zum/zur Fahrer/in gelangen kannst, kannst du diejenigen, die vorne sitzen, laut anschreien: „Der Fahrer soll die Polizei informieren.“

Du kannst andere Mitfahrende auffordern, mit dir laut zu pfeifen und zu rufen. „Hört auf, hört auf!“ Anfangs machen dabei wenige, dann i. d. R. immer mehr mit. Jetzt wird die Situation für Gewalttäter/innen riskant, weil sie unüberschaubar und unberechenbar ist. Sie scheuen das Risiko und versuchen wahrscheinlich sich vom Ort des Geschehens zu entfernen.

Je nach Sachlage und Situation kannst du auch den/die Fahrer/in auffordern, die Türen abzusperren, so dass sich die Täter/innen nicht entfernen können, bis die Polizei ankommt.

Es ist wichtig, möglichst viele Mitfahrenden direkt anzusprechen und in die Verantwortung zu nehmen – um so stärker ist die Wirkung gegenüber den Angreifer/innen!

## Wenn du selber bedroht oder angegriffen wirst:

### Vorbereiten!
Bereite dich auf mögliche Bedrohungssituationen seelisch vor: Spiele Situationen für dich allein und im Gespräch mit anderen durch. Werde dir grundsätzlich klar darüber, zu welchem persönlichen Risiko du bereit bist. Es ist besser, sofort die Polizei zu alarmieren und Hilfe herbeizuholen, als sich nicht für oder gegen das Eingreifen entscheiden zu können und gar nichts zu tun.

### Ruhig bleiben!
Panik und Hektik vermeiden und möglichst keine hastigen Bewegungen machen, die reflexartige Reaktionen herausfordern könnten. Wenn ich „in mir ruhe", bin ich kreativer in meinen Handlungen und wirke meist auch auf andere Beteiligte beruhigend!

### Aktiv werden!
Wichtig ist, sich von der Angst nicht lähmen zu lassen. Eine Kleinigkeit zu tun ist besser, als über große Heldentaten nachzudenken. Wenn du Zeuge/in von Gewalt bist: Zeige, dass du bereit bist, gemäß deinen Möglichkeiten einzugreifen. Ein einziger Schritt, ein kurzes Ansprechen, jede Aktion verändert die Situation und kann andere dazu anregen, ihrerseits einzugreifen.

### Geh aus der dir zugewiesenen Opferrolle!
Wenn du angegriffen wirst: Flehe nicht und verhalte dich nicht unterwürfig. Sei dir über deine Prioritäten im klaren und zeige deutlich, was du willst. Ergreif die Initiative, um die Situation in deinem Sinne zu prägen: Schreib dein eigenes Drehbuch!

### Halte den Kontakt zum/r Angreifer/in!
Stelle Blickkontakt her und versuche, Kommunikation herzustellen bzw. aufrechtzuerhalten.

### Reden und zuhören!
Teile das Offensichtliche mit, sprich ruhig, laut und deutlich. Höre zu, was dein/e Gegner/in bzw. Angreifer/in sagt. Aus seinen/ihren Antworten kannst du deine nächsten Schritte ableiten.

### Nicht drohen oder beleidigen!
Mach keine geringschätzigen Äußerungen über den/die Angreifer/in. Versuche nicht, ihn/sie einzuschüchtern, ihm/ihr zu drohen oder Angst zu machen. Kritisiere das Verhalten, aber werte ihn/sie persönlich nicht ab (Klar in der Sprache – mäßigend im Ton).

**Hole dir Hilfe!**
Sprich nicht eine anonyme Masse an, sondern einzelne Personen. Dies gilt sowohl für Opfer als auch für Zuschauer/innen. Sie sind bereit zu helfen, wenn jemand anderes den ersten Schritt macht oder sie persönlich angesprochen werden.

**Tu das Unerwartete!**
Fall aus der Rolle, sei kreativ und nutz den Überraschungseffekt zu deinem Vorteil aus.

**Vermeide möglichst jeden Körperkontakt!**
Wenn du jemandem zu Hilfe kommst, vermeide es möglichst, den/die Angreifer/in anzufassen, es sei denn, ihr seid in der Überzahl, so daß ihr jemanden beruhigend festhalten könnt. Körperkontakt ist in der Regel eine Grenzüberschreitung, die zu weiterer Gewalt führen kann. Wenn nötig, nimm lieber direkten Kontakt zum Opfer auf. Aktives gewaltfreies Verhalten ist erlernbar. Indem wir uns unsere Ängste und Handlungsgrenzen bewußt machen, erfahren wir gleichzeitig auch mehr über den Bereich, der zwischen diesen Grenzen liegt. Oft unterschätzen wir die Vielfalt unserer Möglichkeiten. In Rollenspielen und konkreten Übungen zum Umfang mit direkter Gewalt können wir neue kreative Antworten auf Konfliktsituationen entdecken.

**Gewalt- und Rassismus- Deeskalationstrainings\*** bieten die Chance, bisher ungewohntes Verhalten auszuprobieren, einzuüben und auf seine Wirkungen hin zu überprüfen.

**In der Kneipe:**
Du bekommst mit, wie einige über die andere herziehen, sie beleidigen oder angreifen. Oder sie fangen an, rassistische Sprüche und Witze abzulassen. Wenn jemand versucht, die Leute zur Vernunft zu bringen, zeigen sie möglicherweise mit einem zackig gebrüllten „Heil Hitler", wer in dieser Kneipe das Sagen hat. Möglicherweise werden sie sogar gewalttätig und fangen an, „ausländisch" aussehenden Gäste anzupöbeln.

Hole dir Hilfe! Bitte andere Gäste, gleichzeitig mit mehreren aufzustehen. Stellt euch, wenn ihr eine deutliche Mehrheit seid, zwischen oder um die Randalierer und fordert sie gemeinsam auf, aufzuhören.

Du kannst zum/r Wirt/in (oder zu Gästen mit Handy (Tel.110)) gehen und ihn/sie bitten, die Polizei anzurufen. Der/die Wirt/in hat die Pflicht, Straftaten in seinem Lokal zu verhindern. Wenn er/sie dieses Verhalten seiner Gäste duldet, kann ihn/ihr das die Lizenz kosten.

Du kannst die Polizei selber anrufen und vor der Gaststätte auf sie warten. Da kannst du in Ruhe erklären, was passiert ist.

**In der Fußgängerzone:**
Laß dich in rassistischen oder gewalttätigen Situationen nicht provozieren! Gewalt entsteht oft, weil ein Wort das andere gibt.
Duze die Angreifer/in nicht. Andere Passanten könnten leicht einen rein privaten Konflikt vermuten.
Übernimm die „Regie", sprich andere Anwesende direkt und persönlich an: „Hallo, sie da im grünen Mantel, bitte helfen die mir, rufen sie sofort die Polizei!" Wenn diese/r Passant/in darauf reagiert, dann ist meist der Knoten geplatzt und der sogenannte Schneeballeffekt tritt ein. Jetzt kannst Du auch andere Passant/innen aktivieren.
Für die Randalierer/innen wird jetzt die Situation schwierig. Sie sind überrascht, denn bisher war ihre Erfahrung, dass die Menschen gleichgültig oder verschüchtert reagieren.

**Wichtig:** Eine Anzeige bildet erfahrungsgemäß den besten Schutz vor erneuten rassistischen Gewalttaten, da die Täter/innen durch polizeiliche Ermittlungen und Gerichtsverfahren erhebliche Unannehmlichkeiten zu befürchten haben. Gewalttäter/innen müssen wissen, dass sie für ihre Untaten zur Rechenschaft gezogen werden. Die Polizei ist rund um die Uhr da: Am schnellsten über den Notruf 110.

**In deiner Stadt oder Gemeinde:**
Tritt dafür ein, dass das Thema „Verständigung mit Minderheiten" in den Bereichen Kinder- und Jugendarbeit, Schule, Kultur, Theater, Museen und Konzerte eingebunden und berücksichtigt wird.
Frage die Vereine (am besten schriftlich), wie viele Leute aus Zuwandererfamilien und Flüchtlinge bei ihnen Mitglied sind.
Versuche bei öffentlichen Veranstaltungen, Personen aus der Wirtschaft, Gewerkschaft, Kultur, Wissenschaft, Kirche, Initiativen, Stadt und Politik an einen „Runden Tisch" zu bekommen.
Organisiere Veranstaltungen, insbesondere zum Tag des Flüchtlings (Freitag, letzte Septemberwoche), Tag der Menschenrechte (10.12) oder zum Internationalen Antirassismustag (21.3.).

## In der Nachbarschaft:

Sorge alleine oder mit anderen dafür, dass rassistische Parolen an Brücken, Mauern usw. beseitigt (oder verändert) werden. (So kann z.B. aus „Ausländer raus" leicht „Deutsche und Ausländer raus zum 1. Mai" o.ä. werden).
Frage schriftlich bei der Polizei an, was sie gegen rassistische Parolen unternimmt.
Eröffne Leuten aus Zuwandererfamilien und Flüchtlingen Treffpunkte (z.B. im kirchlichen Gemeindehaus, im Kulturzentrum, im Sport-Cafe usw.).
Unterstütze die Selbstorganisationen von Flüchtlingen und von Leuten aus Zuwandererfamilien.

## Im Kindergarten und in der Schule:

Frage Erzieherinnen und Erzieher, Lehrerinnen und Lehrer, wie sie sich für Verständigung einsetzen und was sie gegen Gewalt und Rassismus unternehmen.
Gleiches gilt für Elternbeiräte, Klassenpflegschaften, Schulkonferenzen und SV'en.
Meistens macht es Sinn, die Anfrage schriftlich zu stellen und später nachzuhaken.
Überprüft eure Beteiligung an dem Projekt „Schule Ohne Rassismus".
Fragt nach (und gebt Hinweise), ob Gewalt- und Rassismus- Deeskalationstrainings durchgeführt und angeboten werden.

## Im Betrieb und bei der Arbeit:

Diskutiere mit deinen Kolleg/innen, ob sie dir bei deinen Vorhaben zur Verständigung helfen können und warum du das (was du machst) tust.
Nutzt eure Betriebszeitung, um über das Leben und die Geschichte von Leuten aus Zuwanderfamilien und Flüchtlingen zu berichten. Unterstützt Solidaritätsaktionen und berichtet darüber.

## In der Kirche und in deiner Religionsgemeinschaft:

Feiert all eure Feste mit Angehörigen anderer Religionen und ladet sie dazu ein. Laßt euch selber zu Festtagen anderer Religionen einladen, betont dabei das Gemeinsame und den Respekt vor dem anderen.
Bitte den Vorstand deiner Kirche oder Religionsgemeinschaft, den anderen Gemeinschaften zu deren Festen einen Brief mit Gratulation zu schreiben; mach es mit Deiner Gruppe selber.

Nehmt Kinder und Jugendliche aus Flüchtlings- und Zuwandererfamilien mit in Eure Ferienprojekte und Gruppen. Bietet ihnen Raum für Freizeit und ehrenamtliches Engagement.

*__Eskalation__ ist die stufenweise Steigerung und Verschärfung vorhandener Mittel (z.B. Gewalt), um ein Ziel zu erreichen. Dieser Begriff wird häufig im militärischen und politischen Bereich verwendet, wenn es um Gewalt geht.
__Deeskalation__ bezeichnet exakt das Gegenteil.

*Mehr über __Deeskalations - Trainings__ finden Sie im Internet unter
__www.gewaltakademie.de__

# Checkliste
# zur Konzeption und Praxis eines
# Gewalt- und Rassismus-Deeskalationstrainings

## Teil 1: Rahmenbedingungen

### 1. Vorabsprachen mit dem Veranstalter
- Erwartungen des Veranstalters an das Seminar
- Vorstellen des eigenen Verständnisses der Arbeit und der eigenen spezifischen Schwerpunkte des Trainings
- Alter der TN, Gruppengröße, Beziehung der TN untereinander
- Raumgröße, Beschaffenheit des Fußbodens, Medien
- Zeitstruktur, Pausen, Essen und Getränke
- Honorarvorstellung, Art des Honorarvertrages, Verbindlichkeiten
- Formulierung der Einladung zum Seminar

### 2. Trainingskoffer packen
- 1 Paar Encounter – Bataks – Schaumstoffschläger
- Teppich
- 30 Augenbinden
- Sortiment Süßigkeiten / Schnuppies / Gummibärchen …
- 1 Tau (Lebenslinie …)
- Kim-Spiel (Steine …)
- Begreif-Gemüse (Plastikäpfel …)
- Bodenbilder – Plakate – Interpretationsbilder …
- 30 Holzklötzchen (Kommunikationsbrücken …)
- Gewaltsack (kleine Gegenstände der Gewalt / Keine Gewalt zuordnen – Assoziation)
- Gewalt – Rollenspiel –Karten
- Geruchsflaschen

- Musikabspielgerät und Musik (TB-Kassetten / CDs)
- Alarm – Signal – Geräte-Set zur Demonstration: Alarmgerät, Trillerpfeife
- Fotoapparat (Erlebnisse festhalten und dokumentieren)

## 3. Moderations - Koffer
- Flip-chart Papier oder Rolle Tapete
- 30 Stifte – Kulis ...
- 30 Filzstifte (Bilder malen ...)
- Moderations – Stifte
- Moderationskärtchen
- Tesafilm
- Gummibänder
- Pin – Nadeln
- Krepp- und Klebeband

## 4. Infotisch (Literatur, Materialien, Skripte, Beispiele ...)

## 5. Zeit – Raum – Atmosphäre herstellen / gestalten

## 6. Vorstellung der Trainerin / des Trainers
- Wie bzw. in welcher Form stelle ich mich vor?
- Was bzw. welche Informationen möchte ich von mir einbringen?
- Welches Verständnis von meiner Rolle Deeskalationstrainer habe ich?
- Abklären, welche Art der Anrede verwendet wird (Du oder Sie).

## 7. Erwartungen der TN
- Mit welcher Methode komme ich an die Erwartungen der TN?
- Wie flexibel bin ich, auf diese Erwartungen zu reagieren? (Grenzen aufzeigen)
- Wie präsentiere ich die Übereinstimmung von Erwartungen und Trainingsziel? (z.B. visualisieren)

## 8. Kennenlernphase
- Wie merke ich mir die Namen der TN?
- Welche alters- und gruppenspezifischen Spiele und Übungen wende ich an?
- Welche Aussagen und Standpunkte möchte ich den TN zur Gruppenwerdung entlocken?

### 9. Kooperationsphase
- Wie fördere ich die Entwicklung von Vertrauen zwischen den TN?
- Welche Vereinbarungen über Gruppenregeln sind notwendig?
- Welche Kommunikationsformen sind bereits vorhanden, welche gilt es zu entwickeln (verbale, nonverbale - körperliche, Fähigkeiten zum gegenseitigen Zuhören)

### 10. Thematisierung von „Gewalt"
- Welches Verständnis vom Gewaltbegriff besteht in der Gruppe?
- Welche individuellen Definitionsversuche haben die einzelnen TN?
- Wie ermögliche ich es den TN ihre eigenen Erfahrungen zur Gewaltthematik in der Gruppe zu bearbeiten?
- Wie gewährleiste ich den Umgang mit „Gewalt" in der Gruppe ohne Verletzungen für die TN herbeizuführen?
- Welche Methoden der „Notbremse" stehen mir zur Verfügung, wenn persönliche Grenzen verletzt oder überschritten werden?
- Wie gehe ich mit Tabuisierung von Gewalt um?

### 11. Thematisierung von „Rassismus"
- Welches Verständnis vom Rassismusbegriff besteht in der Gruppe?
- Welche individuellen Definitionsversuche haben die einzelnen TN?
- Wie ermögliche ich es den TN ihre eigenen Erfahrungen in der Gruppe zu bearbeiten?
- Wie gewährleiste ich den Umgang mit „Gewalt" in der Gruppe ohne Verletzungen für die TN herbeizuführen?
- Welche Methoden der Thematisierung stehen mir bei multiethnischen Gruppen zur Verfügung?

### 12. Deeskalation
- Welche Methoden der Thematisierung stehen mir zur Verfügung?
- Wie gewährleiste ich einen altersangemessenen Einsatz dieser Methoden?
- Wie gehe ich mit der ggfs. vorhandenen Überforderung der TN um? (Leistungsdruck)
- Wie reagiere ich auf Situationen, die scheinbar (auch für mich) aussichtslos sind?
- Wie sichere ich die Ergebnisse der möglichen Lösungswege?

# Teil 2: Trainingskonzeption

## 13. Deeskalationstraining

- **Ankommen** (Non-verbal)
  - Woran merken die TN dass sie hier richtig sind … (Plakat …)
  - Woran können sie sich zum Trainingsraum orientieren (Hinweisschild / Begrüßungsschild (Herzlich willkommen – hier bist Du richtig …)
  - Woran können sich die TN festhalten (Tasse Kaffe – erste Papiere – TN-Liste …)
- **Aktivierende Begrüßung**
  - Beispiele: Bahnhofshallenstress – Widerstehen können – Blaue Hand Projekt
- **Vorstellung des/der Trainer/in**
- **Programmanalyse** – Kurzvorstellung des Trainings
  - Beispiel: 1. Gewalt erkennen 2. Gewalt beim Namen nennen 3. Interventionsberechtigung und –fähigkeit / Gewalt deeskalieren
- **Vorstellung der Teilnehmenden (TN)**
  - Beispiele: Partner/inneninterviews (Selbstdarstellung durch Fremdwahrnehmung), erste Gewaltdefinitionen, Erfahrungen mit Gewalt und Rassismus, Interpretation von Bodenbildern …
- **Gewalt / Rassismus erkennen** und wahrnehmen
  - Übungen / Tranfer / Erfolgssicherung
- **Gewalt / Rassismus beim Namen nennen**
  - Übungen / Transfer / Erfolgssicherung
- **Übungen zur Thematisierung** von (verborgener) und Sensibilisierung für Alltagsgewalt:
  - Geborgenheit
  - Wertschätzung / Anerkennung
  - Partner/innenschaft
  - Vertrauen
  - Ohnmachtserfahrungen
  - Körpersprache
  - Mitleid, Mit-Leiden-können
  - Vertrauen
  - Gewalt / Rassismus durch: Sprache, Mimik-Gesten, Körperhaltung (Sehen), Geruch, Geräusche – Gehör, Gefühle, Geschmack, Ahnen … (Ganzheitlichkeit: alle Sinne betreffend
- **Regeln**, Werte, Normen und Sinn
  - Übungen

- o Gemeinsame Regeln
- o Gemeinsame Regeln durchsetzen
- **Kommunikation**
  - o Übungen zur Thematisierung von Gewalt (z.B. „Glotzerübung" …)
  - o Übungen zur Überwindung von Gewalt
- **Zivilcourage**
  - o Übungen
- **Kooperation** und Teamentwicklung
  - o Übungen
- **Konflikte aushalten, lösen** …
  - o Übungen
- **Realitätskonfrontation**
  - o Praxisphase: Was mach ich eigentlich wenn …
  - o Wo finde ich Hilfe in persönlichen Notlagen …
- **Deeskalationstraining / Trainingsphase**
  - o Übungen
  - o Reflexionen, neue Ideen - Impulse und neue Übungen
- **Feed-back und Rückmeldungen** (Evaluation und Qualitätssicherung)
- **Verabredungen zur Weiterarbeit**
  - o Bericht und Dokumentation des Trainings
  - o Beispiel: TN schreiben Sich selber einen Brief, der von den TR zwei Wochen nach dem Training zugestellt wird …)
  - o Aufbautrainings und lebenslanges Lernen …
  - o Weiterführende Literatur und Praxismaterialien
- **Abschied** und „Chorschluß" (Betonung der Gemeinsamkeiten)
  - o Zeugnisse, Erinnerungsgeschenk, corporate design transportieren (z.B. Zebra-button)
- **Abreise gestalten**

# Edition Zebra

**Literatur und Materialien zur Thematisierung von Gewalt und Rassismus**

### Rassismus begreifen

Was ich schon immer über Gewalt und Rassismus wissen wollte. Jugendliche haben ein schwieriges Thema in seine „Essentials" zerlegt und in „verstehbare" Sprache übersetzt.
96 Seiten, 1997, 5,- €

### Interkultureller Antirassismuskalender (jedes Jahr neu)

mit Fest-, Gedenk- und Feiertagen aller großen Kulturen und Weltreligionen, für Menschen die schon immer gerne über den eigenen Horizont geblickt haben.
DIN A 6, 208 Seiten, 4,-€+Porto

### Lexikon für die Anti-Rassismusarbeit

Das tägliche ABC für alle, die der Gewalt und dem Rassismus das Wasser abgraben wollen. Zusammengetragen und erarbeitet von über dreißig Jugendinitiativen, Fachleuten und den „Ruhrkanakern", einer türkisch-finnisch-tamilisch-belgisch-bosnisch-jugoslawisch-marokkanisch-rheinisch-westfälischen Jugendclique aus dem Ruhrgebiet. 74 Seiten, 1999, 1,50 €

### Gewalt begreifen

Erprobte und spannende Texte, Übungen und Materialien zur Thematisierung von Gewalt in der Jugendhilfe, Schule und Bilddungsarbeit. 120 Seiten, 2004, 5,- €

### Gewalt löst keine Probleme

Villigster Trainingshandbuch zur Deeskalation von Gewalt und Rassismus
Es ist nicht die Gewalt, die den Konflikt auslöst ... es sind die Konflikte, die Gewalt auslösen! In unseren Trainings überprüfen wir, begreifend, erfahrend, verstehend und mit allen Sinnen, wie Gewalt funktioniert, woran ich sie erkennen kann, was wir tun können, um die Gewaltspirale zu durchbrechen und ob und wie wir den verantwortlichen Umgang mit Gewalt und Gewaltverzicht bei uns und anderen verinnerlichen können. 120 Seiten, 2000, 5,- €

### Gewalt Akademie Villigst

Geschichte, Perspektiven, Aufgaben, Aus-, Fort- und Weiterbildung. Vorstellung der Gewaltakademie.
Infomappe, kostenlos.

### Villigster Deeskalationsteam Gewalt und Rassismus
Informationen nur noch über: www.gewaltakademie.de siehe Trainer/innenverzeichnis

### Spiele, Impulse und Übungen (Band 1)
zur Thematisierung von Gewalt und Rassismus in der Jugendarbeit, Schule und Bildungsarbeit." Ca. 150 Übungen, um ohne „moralischen Zeigefinger" Gewalt und Rassismus zu „begreifen". 156 Seiten, 1996, 5,- €

### Impulse und Übungen (Band 2)
zur Thematisierung von Gewalt und Rassismus in der Jugendarbeit, Schule und Bildungsarbeit." Ca. 150 Übungen, um ohne „moralischen Zeigefinger" Gewalt und Rassismus zu „begreifen". 140 Seiten, 2003, 5,- €

### Kindertrainings
zur Thematisierung von Gewalt und Rassismus in der Arbeit mit Kindern. Die beiden Villigster Gewalt- und Rassismus Deeskalationstrainerinnen Renate Schmitz und Ilka Essers stellen je ihr detailliertes Trainingsprogramm als methodisch entwickelte Bausteine vor.
Ein längst überfälliges Buch zur Entwicklung von Gewaltpräventionsprogrammen im Elternhaus, im Kindergarten und in der Grundschule. 120 Seiten, 2003, 5,- €

### Kampfesspiele
- machen Spaß und unterstützen nicht nur Jungen in ihrer persönlichen Entwicklung.
84 praktische Kampfesspiele für einen positiven Umgang mit männlicher Kraft und Aggression, zur Stärkung des Selbstvertrauens, zur Auseinandersetzung mit den eigenen Gefühlen (und denen der anderen) und zur Thematisierung der Ursachen und Wirkungen von Gewalt und Rassismus. 120 Seiten, 2003, 5,- €

### Gewaltige Mädchen
Gewalt zu erkennen ist eine Sache, sich dafür oder dagegen zu entscheiden eine andere. Dieses Buch will dazu anstiften, die eigene Gewalt wahrzunehmen und den verantwortlichen, konstruktiven Umgang damit zu gestalten, zu erproben und zu lernen. 120 Seiten, 2005, 5,- €

### Keine Angst vor Mobbing – Hinschauen und Handeln
Dieses Buch liefert Verhaltens- und Handlungsmöglichkeiten gegen die „stille Gewalt". Vermittelt werden theoretische Kenntnisse und praktische Übungen und Methoden um wirkungsvolle Handlungsstrategien für den sensibilisierenden Umgang mit Mobbing zu entwickeln. 120 Seiten, 2004, 5,-€

### Bausteine für COURAGE - Gottesdienste
Menschen stark zu machen, heißt, ihnen Raum zu geben, sie zu beteiligen, auf sie zuzugehen, sie einzuladen, ihnen zuzuhören und ihnen Mut zu machen, ihre Courage zu zeigen und wirksam werden zu lassen. In diesem Reader geht es um erprobte Texte, Szenen, Impulse und Bausteine für mutmachende Gottesdienste. 2., überarbeitete Auflage. 120 Seiten, 2002, 5,- €

# Edition Zebra

## Couragiert und Evangelisch
Das Bündnisbüro für Toleranz und Zivilcourage der EKvW stellt das Engagement der ca. 200 Bündnispartner/innen und über 40 beispielhafte Projekte zur Überwindung von Gewalt und Rassismus vor. 120 Seiten, 2002, 5,-€

## Der Sinn des Lebens
Die schönsten, sanftesten und schärfsten Gedanken, Gedichte und Sprüche zum Sinn des Lebens. 74 Seiten, 2000, 5,-€

## Wie die Elefanten auf die Bäume kommen
Annita Kalpaka entwickelt in drei Kapiteln Chancen und Risiken interkulturellen und pädagogischen Handelns in der Einwanderergesellschaft. Ein Buch aus der Praxis für Praktiker/innen. 120 Seiten, 2004, 5,-€

## Erzähl doch mal... Märchen und Geschichten aus der Fremde
Mit viel Engagement haben die ehrenamtlich Tätigen aus dem Freundeskreises Asyl Neckarvorstadt/Hallschlag (Stuttgart) die in diesem Buch veröffentlichten Märchen und Geschichten während ihrer Besuche bei Flüchtlingen gesammelt und aufgeschrieben. Die Illustrationen sind der ehrenamtliche Beitrag der Künstlerin Heidrun Mürdter. 96 Seiten, 2002, 5,-€

## Kotzbrocken
Mitarbeiter/innen von SOS-Rassismus-NRW haben seit 1985 Sprüche und Zitate von Politiker/innen, hart an der Grenze zum Rassismus oder schon darüber, gesammelt. Dazu gibt es ein „Gespenstisches Theaterstück" mit dem Titel: „Randale im Bundestag" und reichlich Hinweise zur Bearbeitung von Alltagsrassismen. 110 Seiten, 2003, 5,-€

## Die schärfsten Rätsel aus dem Orient für 1001 Nacht
Das Buch der multikulturellen Kinder- und Jugendclique „Ruhrkanaker" gegen Langeweile und Rassismus. 97 Seiten, 1996, 5,-€

## Marokko: Das Projekt
Die Geschichte und Entwicklung einer engagierten und andauernden Partnerschaft zwischen den Berber-/innen in der Atlas-Sahara Grenzregion und Jugendinitiativen und -zentren aus NRW. 88 Seiten, 1997, 5,-€

## Was ist nur los in Feuerland?
Bilderbuch und Video von dem Künstler Klaus D. Schiemann zur Auseinandersetzung mit und zur Thematisierung von Vorurteilen, Gewalt und Rassismus. Als vierfarbiges Bilderbuch oder VHS-Video erhältlich. Buch oder Video je 10,-€

# Edition Zebra

**SOS in Feuerland**
Kinder spielen für Kinder gegen Rassismus und Gewalt. Ein Kindertheaterprojekt mit Rollentexten, Regieanweisungen, Spielübungen, technischen Hinweisen und Erfahrungsberichten. 84 Seiten plus Hörspielkassette im Set,1997, 12,80 €

**Politik begreifen**
Erfahrungen, Ideen und 40 handlungspraktische, konkrete Beispiele aus dem Projekt: Jugendliche machen Politik 128 Seiten, 2001, 5,- €

**Projekthandbuch Rechtsextremismus**
Handlungsorientierte Ideen, praktische Gegenstrategien und offensive Auseinandersetzungsformen mit rechtsextremistischen und rassistischen Tendenzen in Jugendszenen. 248 Seiten, 1993, 5,- €

**Projekthandbuch Gewalt und Rassismus**
Handlungsorientierte und offensive Projekte, Aktionen und Ideen zur Auseinandersetzung und Überwindung von Gewalt und Rassismus in Jugendarbeit, Schule und Betrieb. Ausgezeichnet mit dem Gustav – Heinemann – Friedenspreis. 350 Seiten, Neuauflage 2000, 5,- €

**Schule ohne Rassismus**
Nur noch über www.schuleohnerassismus.org

**Arbeitsbuch gegen Ausländerfeindlichkeit**
Den Zugang eröffnen Karikaturen und Quellentexte abwechselnd mit didaktisch aufbereiteten Graphiken und Texten. Arbeitsblätter dienen als Kopiervorlage, im Kommentar finden sich neben Hinweisen auf mögliche Schülerreaktionen auch Fragen, um die Diskussion voranzutreiben. DIN A4, 170 Seiten, 1996, 5,- €

**Geschichte der Offenen Arbeit**
Ralf-Erik Posselt erzählt die fast zweihundertjährige Geschichte der Offenen Arbeit mit Kindern und Jugendlichen und nimmt mit dieser Broschüre Abschied nach dreißigjähriger Praxis in diesem jugendpolitischen Arbeitsfeld. 62 S. 2003, 5,- €

**COURAGE** Aufkleber
15 verschieden große Courage Aufkleber auf Bogen, DIN A 4, 1,- €

**Aktion NOTEINGANG**
Plakate mit Erklärung und Ratschlägen zur Aktion NOTEINGANG ca. 30 x 80 cm. 0,20 € // PVC-Aufkleber ca. 14 x 20 cm außen / innen. je 1,- €

**Bestellungen** an: **Gewalt Akademie Villigst** im Amt für Jugendarbeit der EKvW, Haus Villigst, 58239 Schwerte, Tel: 02304-755190, Email: g.kirchhoff@aej-haus-villigst.de / www.gewaltakademie.de

**Achte auf Deine Gedanken,
denn sie werden Deine Worte.
Achte auf Deine Worte,
denn sie werden
Deine Handlungen.
Achte auf Deine Handlungen,
denn sie werden
Deine Gewohnheiten.
Achte auf
Deine Gewohnheiten,
denn sie werden
Dein Charakter.
Achte auf Deinen Charakter,
denn er wird Dein Schicksal.**

**(Klosterinschrift in England)**